I0776136

Du même auteur

Aux Editions du Crec
- Le Centrisme du XXI° siècle
- Métapolis
- De l'Obamania à l'Obamisme
- Le Centrisme Américain
- Le Juste Equilibre
- Histoire du Centre en France (direction)
- Nous changerons le monde en respectant nos enfants
- Sans information citoyenne pas de vraie démocratie

Aux Editions Syros
- Le Capitalisme Vert
- Santé et Economie
- La Distribution (coauteur)
- Les Idées Reçues en Economie (codirection & coauteur)
- La Construction Européenne (supervision)

Aux Editions La Découverte
- Etat de la France (collaboration)
- Dix ans d'Etat du Monde (collaboration)

Aux Editions Pétrelle
- Les Fonds de Pension Européen (supervision)

Alexandre Vatimbella

LE CENTRE
ET
LE CENTRISME

De la Révolution à Macron

CREC Editions

CREC
15, rue Nélaton
75015 Paris
France
www.lecentrisme.com

Avant-propos
Le Centre existe-t-il?

Se demander, en avant-propos d'un ouvrage sur le Centre, si celui-ci existe semble relever d'une provocation! Pourtant, encore aujourd'hui et malgré les victoires de Barack Obama aux Etats-Unis en 2008 et d'Emmanuel Macron en France en 2017, nombre de professionnels de la politique (politologues, professeurs de sciences politiques et hommes politiques) nient l'existence d'un courant centriste autonome et indépendant, ayant une pensée originale. On se rappellera de cette boutade de François Mitterrand servie jusqu'à plus soif par les adversaires des centristes et des journalistes sans imagination, affirmant que le «Centre n'est ni de gauche, ni de gauche» et qui a fait florès dans le landerneau politique. Ce à quoi on pourrait lui répondre par une autre boutade: les amitiés d'extrême-droite de monsieur

Mitterrand permettent de situer le Centre à sa gauche...

Plus sérieusement et sans entrer dans une polémique plus politicienne que scientifique, le Centre existe ainsi que les centristes. De même que le Centrisme. Comme l'écrit l'historienne Sylvie Guillaume dans l'ouvrage collectif publié sous sa direction «Le centrisme en France aux XIX° et XX° siècles: un échec?» (éditions Maison des Sciences de l'Homme d'Aquitaine), «le centrisme a une identité propre dans sa vision de la société, et dans ses références culturelle et idéologiques» et parle «des 'moments centristes' qui se succèdent au fil de l'histoire politique française».

Et depuis la Révolution française, ce Centre, avec ses centristes et son Centrisme, s'est bâti petit à petit aux côtés d'une Gauche et d'une Droite qu'il n'a jamais voulu rejoindre, développant une vision de la société, une pensée politique et une pratique du pouvoir propres. Plus, à côté d'un Centre politique, il a toujours existé un Centre sociologique composé de groupes divers, allant des gens se disant modérés à ceux qui épousent les thèses libérales en passant par des chrétiens engagés en tant que tels dans la politique ou certains tenants du radicalisme français, voire certains sociaux-démocrates qui ont refusé les alliances du socialisme avec des extrêmes-gauches antidémocratiques, notamment après la signature du Programme commun entre le PS et le PC en 1972.

La V° République, en instituant une élection présidentielle à deux tours et un scrutin majoritaire à deux tours pour l'élection des députés a voulu, au nom de l'efficacité, diviser la politique française en deux camps, un de droite et un de gauche. Pourtant, depuis 1958 (et 1962 pour l'élection présidentielle au suffrage universel), le Centre n'a jamais cessé d'exister et a fait mentir tous ceux qui pensaient (et, souvent, voulaient) sa disparition. Et la volonté de n'en faire qu'une fiction a été fort justement contredite par cette réalité que nous enseigne les historiens. Ainsi, dans l'introduction à son livre «Les centristes: de Mirabeau à Bayrou» (éditions Fayard), l'historien Jean-Pierre Rioux parle d'«une part de notre histoire qu'on ne nous conte guère tant elle est tenue pour anecdotique, inopportune ou marécageuse par tous ceux qui ont avantage à propager le simplisme binaire. Cette histoire répudiée, raillée et pourtant singulière, c'est celle qu'ont pétrie des explorateurs d'autres voies que celles du duopole gauche-droite pour faire progresser la démocratie et donner à la vie politique une force d'attraction et de rassemblement: celle des centristes comme traits d'union et aiguillon. C'est aussi celle du centrisme comme souci de renouveau dans la continuité, comme assurance de 'bon gouvernement', de 'réformation' en continu et de meilleure intelligence des situations.

Comme fidélité, somme toute, au sens du bien commun partagé 'par raison et par justice', comme disait déjà Aristote. Comme promesse de réconciliation, de liberté, d'équité et de solidarité».

Cet ouvrage est une présentation de ce qu'est le Centre et le Centrisme dans l'Histoire et aujourd'hui en France et dans le monde. Pour ceux qui voudraient approfondir le sujet, je les renvoie à mon ouvrage «Le Centrisme du XXI° siècle» aux Editions du CREC.

Première Partie

Qu'est-ce que
le Centre et le Centrisme

Chapitre 1
Le Centre et le Centrisme

Que recouvrent réellement dans l'espace politique ces appellations, Centre, Centrisme, centriste, le «centre de la politique», être «centriste»,
politique «centriste», parti «centriste»? Ceux qui
s'en réclament ne font-ils qu'adopter une posture
consistant à se positionner à équidistance de la
Droite et de la Gauche, être entre la Droite et la
Gauche sans aucun contenu original? Est-ce
emprunter un peu de ses idées à la Droite et un
peu à la Gauche pour en faire un mix un peu in-
sipide? Est-ce être une force d'appoint de la
Droite ou de la Gauche selon les circonstances
dans un opportunisme des plus primaires? Est-ce
manquer d'opinions et de convictions? Est-ce un
«conservatisme réformateur» ou un «réformisme

conservateur»? Est-ce même un synonyme d'union nationale?

Rien de tout cela. Le Centre est un courant politique possédant une pensée politique autonome, le Centrisme, qui n'a pas besoin de se définir en réaction aux autres forces politiques. Le Centre est action et, comme tel, il possède son propre discours politique, son propre projet original, ses propres principes et valeurs.

Le Centre est le lieu de convergence, celui qui, en cherchant constamment le consensus et un juste équilibre guidé par un humanisme respectueux, permet de bâtir, dans une démocratie sociale représentative et participative, l'organisation optimum de la société réelle où aucun n'est exclu mais où chacun reconnaît la spécificité de l'autre, sa liberté, dans le respect, la tolérance et la solidarité. Cette liberté dans le respect, la tolérance et la solidarité, le Centre l'organise et l'encadre car la vie en société ne possède pas encore ce lien social intangible qui ferait que les femmes et les hommes du monde entier pourraient vivre en parfaite intelligence et en parfaite harmonie sans aucune organisation, sans aucune structure, sans aucune architecture juridique.

De cette définition, il faut aussi en conclure que n'est pas Centre qui veut ou qui s'y installe électoralement parlant. Concrètement, le Centre est le lieu d'une pensée politique, le Centrisme, et non un lieu électoral où se retrouvent des partis et des personnalités qui se prétendent centristes et ceux qui y ont été rejetés par les extrêmes. Ainsi, en France, le Parti Radical, même s'il compte en son sein beaucoup de vrais centristes aujourd'hui, s'est retrouvé historiquement «au centre» sans être «du Centre» par le jeu électoral puis dans sa volonté de «ratisser large». Il ne faut donc pas confondre positionnement électoral et positionnement politique. Si l'on n'inclut pas cette distinction, alors le Centre n'est voué qu'à être et demeurer un mouvement opportuniste ou un réceptacle de partis extrémistes rejetés par plus extrémistes qu'eux.

Le Centre ne se positionne pas à équidistance de la Droite et de la Gauche. Par son positionnement, il fait rayonner sa pensée politique, le Centrisme. Un Centrisme de l'humanisme respectueux et du juste équilibre.

Le Centrisme, humanisme intégral du juste équilibre

Le Centrisme se définit comme un humanisme intégral, c'est-à-dire qu'il place la personne humaine – sujet indépassable d'une société d'êtres humains par des êtres humains pour des êtres humains – au centre de tout. Il doit donc gérer la contradiction majeure entre libéralisme (courant de la liberté et promoteur de l'individualisme, celui de l'individu) et collectivisme (courant de la solidarité et promoteur du constructivisme, celui de la personne) pour en extirper la base de sa doctrine, le libéralisme social. Car l'être humain, individu de par sa différence ontologique irréductible – son individualité – ne prend sa réelle dimension de personne que dans une communauté où sa liberté s'harmonise avec celle de l'autre et coexiste avec une solidarité partagée par tous et pour tous dans le cadre d'un respect mutuel.

Pourquoi le libéralisme social et non le social libéralisme? Au-delà d'une simple inversion des termes se trouve le fondement du Centrisme, la personne humaine et sa capacité à agir dans la liberté et avec responsabilité. D'où cet «avantage» au libéralisme qui ne saurait néanmoins exister au centre que parce qu'il est social. Pour autant, on comprend bien que les centristes peuvent s'allier avec ceux qui se réclament d'un social-libéralisme.

Le Centrisme est donc un idéal politique majeur dont les racines puisent au cœur d'un humanisme éternellement moderne – parce qu'éternellement en évolution et adapté par la réforme – qui est de permettre à tous de trouver leur place dans la société en leur offrant le plus qu'ils peuvent en attendre dans le cadre d'un lien social fort où toutes les personnes se respectent, toutes les personnes sont solidaires, toutes les personnes sont tolérantes dans le maximum de liberté possible.

Pour réaliser cette tâche exaltante, le véritable Centre utilise le concept du «juste équilibre», c'est-à-dire qu'il recherche constamment l'équilibre visant, entre autres, à assurer à chacun le maximum de ce qu'il puisse obtenir en regard des demandes et des besoins de l'autre. Certains ont l'envie et la capacité de vivre une vie indépendante et le Centrisme leur offre le meilleur cadre pour cela. D'autres n'ont pas cette envie ou cette capacité. Le Centrisme leur offre une société où ils sont entourés et développe des structures pour leur permettre de vivre le mieux possible et de pouvoir, éventuellement, vivre une vie plus indépendante. Le Centrisme offre la liberté et la protection en construisant un lien social fort et moderne appelé à chapeauter le contrat social fait de droits et de devoirs de l'individu dans une société démocratique.

Pour toutes ces raisons, le Centrisme n'est pas une pensée politique conservatrice, ni du passé. C'est une force dynamique, cohérente, constructive et responsable. C'est une force du présent et de l'avenir, quel que soit le présent et quel que soit l'avenir. Son objectif est la mise en place d'une démocratie républicaine respectueuse et équilibrée, la seule qui peut, à la fois, prendre en compte tous les acquis démocratiques tout en les consolidant dans une société du XXI° siècle où il faut, à la fois, renforcer les relations collaboratives entre les personnes par un lien social dépoussiéré, refondé et affermi par lequel s'exprime une responsabilité collective rénovée tout en étendant la liberté de chacun grâce à l'approfondissement d'une autonomie individuelle responsable.

Le Centre et la juste mesure

Tous ceux qui, depuis Aristote, en particulier dans son «Ethique de Nicomaque», se sont penchés sur la question de la centralité, qu'elle soit politique, philosophique ou morale, l'ont érigée en lieu de vertu parce qu'ils refusent les désordres de l'extrémisme aveugle et destructeur et privilégient l'harmonie, et l'équilibre. De même, c'est par la juste mesure, cet agir débarrassé des passions malsaines et des pulsions haineuses, que l'on doit analyser les défis qui assaillent actuellement la société et les humains, leur présent et leur futur.

Aristote explique qu'il «appelle mesure ce qui ne comporte ni exagération ni défaut» et Albert Camus affirme «la nécessité d'une mesure». Or, en politique, cette juste mesure fait souvent défaut notamment au niveau des décideurs politiques, sociaux et médiatiques que ce soit dans la pensée et dans l'agir. La démesure, dont Camus dit encore qu'elle «ne trouvera sa règle et sa paix que dans la destruction universelle» est partout.

Chapitre 2
Le Centrisme est un libéralisme social progressiste

Le Centrisme est un libéralisme social

Le Centrisme est un libéralisme social parce qu'il estime qu'une communauté humaine doit reposer sur la liberté ontologique d'individus égaux, garante de leurs individualités irréductibles, mais que cette liberté ne peut, seule, la régir entièrement. Elle doit absolument s'équilibrer par une association de cette liberté avec un solidarisme. Cette association est fondatrice du nécessaire lien social que toute société se doit d'instaurer entre ses membres, lien social qui est lui-même à la base du consensus politique légitimant un régime démocratique et républicain.

Le libéralisme social est un mouvement qui prend ses racines au cours du XIX° siècle autour des idées des Britanniques Thomas Green, John Stuart Mill et Leonard Hobhouse. Il est une branche du «nouveau» libéralisme qui s'est intéressé aux problèmes sociaux jusque là assez délaissés par le libéralisme et qui sont devenus prégnants avec l'essor de la révolution industrielle à ce moment là de l'histoire humaine où le progrès technologique permettait le progrès économique mais lassait beaucoup trop de monde sur le chemin du progrès global. En France, il sera, entre autres, développé par Alfred Fouillée, Charles Renouvier et Léon Bourgeois, ce dernier étant un des théoriciens du radicalisme français. Bien évidemment, le libéralisme social du Centrisme est aussi issu de la démocratie chrétienne. Les chrétiens qui se rallient à la démocratie au cours du XIX° et du XX° siècles et qui fondent des partis politiques d'inspiration chrétienne veulent tempérer le libéralisme trop dur à leurs yeux en matières économique et sociale. Parmi les penseurs chrétiens qui ont travaillé sur cette démocratie sociale on peut citer Marc Sangnier, Jacques Maritain, Giuseppe Toniolo ou Robert Cornilleau. On peut également citer l'idéalisme pratique et le progressisme, deux mouvements qui viennent essentiellement des Etats-Unis du début du XX° siècle.

Le Centrisme est un progressisme

Le Centrisme est basé sur l'humanisme et défend des valeurs et des principes sur lesquels s'appuie un progressisme positif par la réforme. La modernité centriste consiste à garder ce qui est bon tout en continuant inlassablement à l'améliorer tout en demeurant ouvert à l'innovation positive dans tous les domaines et de l'implanter de la meilleure façon possible. C'est dans ce cadre que se trouve le progrès selon la vision du Centrisme. Celui-ci, en effet, n'a jamais été et ne sera jamais un passéisme nostalgique mais un progressisme prometteur. Sa vision a toujours été tournée vers l'avenir. Son action s'est toujours préoccupée du présent pour le réformer et l'adapter au réel et non pour revenir en arrière. Cela vient de son double héritage libéral et humaniste. Et c'est parce qu'il se positionnera comme une pensée libérale et humaniste qui regarde devant que le Centrisme séduira les électeurs qui veulent autre chose que les idéologies poussiéreuses de la Droite et de la Gauche. Et c'est grâce à se positionnement, que le Centre sera capable d'insuffler une dynamique pour le bien du pays. Mais, précisons immédiatement qu'avant d'être une notion quantitative, le progrès est, pour les centristes, une notion éminemment qualitative.

Si l'on veut convoquer l'Histoire à des fins positives, rappelons que celle-ci n'a jamais été un long fleuve tranquille et que les situations acquises indéfiniment sans se battre pour les conserver n'ont jamais existé. Ceux qui ont cru ou qui ont pensé qu'il pouvait en être autrement en érigeant des murs, des barrières et des fossés soi-disant hermétiques pour se préserver d'un monde extérieur, ont souvent conduit leurs pays et le monde à des catastrophes que personne ne souhaite revoir. C'est en allant de l'avant avec une énergie positive et une volonté de réforme sans faille que le Centrisme sait que l'on peut sortir des difficultés actuelles. Non en se barricadant. Et l'honneur des centristes, c'est de faire passer ce message à une population anxieuse et doutant du lendemain. Non en caressant dans le sens du poil ses angoisses.

Chapitre 3
Une vision centriste de la société vielle de plus de 2500 ans et partagée dans le monde entier

Si le mot «centre» (du latin centrum venant lui-même du grec Kentron) apparaît à la fin du XIII° siècle dans la langue française, le terme «centriste», lui, ne fait son entrée officielle en politique qu'en 1922. Quant à celui de «centrisme», il est utilisé pour la première fois en 1936. C'est dire que si les bases du Centre et du Centrisme remontent à très loin, l'organisation politique d'une mouvance centriste, elle, est assez récente même si, dès l'antiquité, il existe déjà une réflexion sur une «gouvernance au centre» des Etats. Le terme de «juste milieu», souvent utilisé comme synonyme de «centre» pendant longtemps date de l'antiquité.

Le Juste Milieu de Confucius

«Yao dit: O toi, Shun,
La succession ordonnée par le Ciel désormais te revient
D'une main ferme, conduis-la par le Juste Milieu.
Si la misère venait à s'abattre entre les Quatre Mers
Ton mandat céleste serait brisé à jamais!»
(Les Entretiens de Confucius)

Le philosophe chinois Confucius ou K'ong Fou-Tseu (VI° siècle avant Jésus-Christ) utilise la notion de «Juste Milieu» dans une vision d'équilibre de la société. N'oublions pas, en effet, que la Chine s'appelle en réalité Zhon Guo, c'est-à-dire l'Empire du Milieu, un pays géré au centre par un homme (l'empereur) qui a reçu son mandat du Ciel et de la Terre parce qu'il a su trouver et garder le centre qu'il manifeste (c'est, bien entendu, ce qui doit être en théorie...).

D'ailleurs, si l'empereur n'est pas capable de maintenir ce juste milieu, alors Confucius dit qu'on peut se rebeller contre lui. En outre, Confucius estime que pour gouverner avec «clairvoyance», il faut des «adeptes épris du Juste Milieu» qui savent qu'«aller trop loin ne vaut guère mieux que pas assez», c'est-à-dire avoir la «vertu de la Grande Mesure».

Comme l'explique Anne Cheng dans son ouvrage de référence «Histoire de la pensée chinoise», «Ce 'Milieu juste et constant', qui devait devenir le titre d'un texte essentiel pour toute la tradition chinoise, est le 'bien suprême' vers lequel tend toute vie dont le devenir passe nécessairement par le changement et l'échange. Exigence d'équilibre, d'équité et de mesure qui ne cède jamais à l'impulsif, à l'excessif, à l'intérêt immédiat, au calcul partial, à la fantaisie du moment ou au cynisme, autant de penchants qui ruinent toute possibilité de vie fiable et durable. Dans les Entretiens (de Confucius) abondent les formules balancées, évocatrices du 'cheminement du Milieu' du funambule sur son fil qui, en péril dès lors qu'il recherche un équilibre statique, ne peut le préserver que dans le mouvement». De ce point de vue, souligne-t-elle, le «Milieu» confucéen «ne correspond nullement à une quelconque équidistance».

La pensée confucéenne en la matière fut compilée par Zhu Xi au XII° siècle dans l'ouvrage «L'Invariable Milieu» cité par Anne Cheng ci-dessus et dans lequel on trouve cette sentence qui la résume: «Ce qui ne dévie jamais, c'est ce qu'on appelle Milieu; ce qui n'est pas soumis au changement, c'est ce qu'on appelle Invariable. Le Milieu est la Voie correcte de tout ce qui est sous le Ciel, l'Invariable en est le principe fixe». Ainsi, «Le Milieu est le grand fondement de l'univers, l'harmonie en est le Dao (ndla: la voie par excellence) universel. Que le Milieu et l'harmonie soient portés à leur comble, et le Ciel-Terre trouvera sa place et les dix mille êtres leurs ressources».

La «médiété» d'Aristote

Le philosophe grec Aristote (IV° siècle avant Jésus-Christ) fait du juste milieu le paradigme de la vertu morale. Pour lui, ce «Juste Milieu» est tout sauf une morale de la médiocrité: «Ce qui est un milieu du point de vue de l'essence est un sommet du point de vue de l'excellence», affirme-t-il. Ce positionnement au juste milieu qu'il nomme du terme «médiété» est pour le philosophe grec, un «extrême», c'est-à-dire la «perfection» morale la plus difficile à atteindre. «En un mot, estime-t-il, ni l'excès ni le défaut ne comportent de moyenne, non plus que la juste moyenne n'admet ni excès ni défaut.»

C'est la raison pour laquelle, selon Aristote, «tout homme averti fuit l'excès et le défaut, recherche la bonne moyenne et lui donne la préférence». Il doit agir comme «les bons ouvriers (qui) œuvrent toujours les yeux fixés sur ce point d'équilibre (médiété)». Car, ajoute-t-il, «on trouve dans les actions excès, défaut et juste milieu. (...) Là l'excès est une faute et le manque provoque le blâme; en revanche la juste moyenne obtient des éloges et le succès, double résultat propre à la vertu. La vertu est donc une sorte de moyenne (médiété) puisque le but qu'elle se propose est un équilibre entre deux extrêmes (…) Elle tient la juste moyenne entre deux extrémités fâcheuses, l'une par excès, l'autre par défaut».

Le philosophe grec «appelle position intermédiaire dans une grandeur ce qui se trouve également éloigné des deux extrêmes (…) Par rapport à nous, j'appelle mesure ce qui ne comporte ni exagération ni défaut». On est loin de l'image de mollesse et d'indécision que les adversaires du Centre tenteront de coller aux centristes ces dernières décennies en ridiculisant cette notion de «juste milieu» pour en faire le lieu des indécis et des opportunistes…

Le poète Théognis de Mégare, contemporain d'Aristote, dit que «le juste milieu est en tout la meilleure chose». Le Romain Cicéron (I° siècle avant Jésus-Christ) utilise également cette notion à la fin de la république romaine dans l'optique de mettre en place un gouvernement modéré face à l'extrémisme des factions, se déclarant adepte d'un parti du juste milieu. Pour lui, il faut «medium ferire», c'est-à-dire atteindre le juste milieu.

Son compatriote et contemporain, le poète Horace (I° siècle avant Jésus-Christ), écrit un «éloge du juste milieu» et considère même celui-ci comme «règle d'or» ainsi qu'il l'écrit dans les «Odes»:

«C'est suivre la voie de la vertu, Licinius, que de ne pas toujours chercher à s'aventurer en haute mer comme de ne pas serrer de trop près, dans la crainte des tempêtes, un rivage peu sûr.

Quiconque choisit la règle d'or du juste milieu se préserve, pour sa sécurité, du misérable toit délabré et, dans sa modération, du palais trop envié.

Le pin le plus haut est celui qui est le plus souvent secoué par les vents, les hautes tours sont celles qui s'écroulent le plus lourdement et ce sont les sommets des montagnes que frappe la foudre.

Celui qui a l'âme bien préparée, dans l'adversité, il espère; dans la prospérité, il craint un sort contraire. Jupiter qui ramène le détestable hiver le chasse aussi.

Il n'est pas dit, si nous vivons actuellement une période difficile, qu'il en sera de même un jour futur. Parfois, de sa cithare, Apollon réveille la Muse silencieuse, il ne tend pas toujours son arc.

Dans les épreuves montre-toi courageux et fort, mais aie aussi la sagesse de réduire ta voilure lorsque l'arrondit un vent trop favorable.»

Milieu, harmonie, modération au cœur des réflexions philosophiques et politiques

Nombre de penseurs, de philosophes et de gouvernants au cours de l'histoire ont mis en avant l'idée d'un gouvernement apaisé, consensuel, recherchant l'harmonie plutôt que de faire vivre des factions et des oppositions irréconciliables sous fond de clientélisme. Tous sont, à des degrés divers, des inspirateurs du Centre et du Centrisme tel qu'il se développera jusqu'à nos jours.

Citons quelques uns des penseurs parmi tant d'autres dans ce cas. Il y a ainsi Plaute (254-184 av. JC), «en toutes choses, le plus sage est de tenir un juste milieu». De son côté, Thomas d'Aquin (1225-1274) écrit que «la forme de toute vertu morale consiste en un juste milieu déterminé rationnellement».

René Descartes (1596-1650), lui, «entre plusieurs opinions également reçues, (choisissait) que les plus modérées; tant à cause que ce sont toujours les plus commodes pour la pratique, et vraisemblablement les meilleures, tout excès ayant coutume d'être mauvais; comme aussi afin de (se) détourner moins du vrai chemin, en cas (qu'il) faillisse que si, ayant choisit l'un des extrêmes, c'eût été l'autre qu'il eût fallu suivre».

On doit à François Fénelon (1651-1715) ce texte très explicite sur les bienfaits du Juste Milieu: «le despotisme tyrannique des souverains est un attentat sur les droits de la fraternité humaine; c'est renverser la grande et sage loi de la nature, dont ils ne doivent être que les conservateurs. Le despotisme de la multitude est une puissance folle et aveugle qui se forcène contre elle-même: un peuple gâté par une liberté excessive est le plus insupportable de tous les tyrans. La sagesse de tout Gouvernement, quel qu'il soit, consiste à trouver le juste milieu entre ces deux extrémités affreuses, dans une liberté modérée par la seule autorité des lois. Mais les hommes aveugles et ennemis d'eux-mêmes, ne sauraient se borner à ce juste milieu. Triste état de la nature humaine! Les souverains jaloux de leur autorité, veulent toujours l'étendre; les peuples, passionnés pour leur liberté, veulent toujours l'augmenter (...). La liberté sans ordre est un libertinage qui attire le despotisme; l'ordre sans la liberté est un esclavage qui se perd dans l'anarchie».

Quant à Charles de Montesquieu (1689-1755), il estime que «le bien politique doit être celui du législateur; le bien politique comme le bien moral se trouve toujours entre deux limites». Et il déclare que «la liberté politique ne se trouve que dans les gouvernements modérés». Pour Denis Diderot (1713-1784), «garder en tout un juste milieu, voilà le vrai bonheur».

De son côté, Nicolas de Condorcet (1743-1794), écrit que «De ce que l'on est parvenu à faire aller une machine, en établissant une sorte d'équilibre entre des forces qui tendaient à la détruire, il ne faut pas en conclure qu'il soit nécessaire de soumettre une machine qu'on veut créer à l'action de ces forces contraires. On voit aussi que les exemples que l'on cite ordinairement ne prouvent rien. La lutte éternelle des grands et du peuple a troublé les républiques de la Grèce et de l'Italie, et après des flots de sang humain répandus dans ces inutiles querelles, un honteux esclavage s'est appesanti sur les vainqueurs et les vaincus. Mais ces querelles supposaient l'existence de grands, accoutumés dès longtemps à exercer le pouvoir, et d'un peuple fatigué de ce pouvoir. On en conclut que les anciennes républiques n'ont pas subsisté parce que l'on n'y connaissait pas l'art d'établir l'équilibre entre les trois pouvoirs ; mais on pourrait en conclure qu'elles ont péri, parce qu'elles ne connaissaient pas les moyens de combiner une démocratie représentative où il y eût à la fois de la paix et de l'égalité.»

Chapitre 4
Le Centre,
ses racines et origines au cœur de
l'histoire politique

Le Centrisme en tant que pensée politique autonome existe depuis peu – le milieu du XX° siècle – et elle ne prendra véritablement son essor qu'après la deuxième guerre mondiale en France mais aussi en Europe et aux Etats-Unis. Auparavant, les partis politiques qui se trouvaient au centre de l'échiquier politique étaient composés de gens qui se voulaient modérés et consensuels mais aussi qui cherchaient dans le milieu, dans une vision raisonnable de la gouvernance des peuples, la meilleure façon de diriger un pays qui serait débarrassé des excès populistes, démagogiques et des extrémismes en tous genres. Quant au Centre contemporain, il continue à chercher ses marques, tiraillé entre être ce lien entre la

Droite et la Gauche, être un simple appendice de la Droite ou de la Gauche ou être cette vision indépendante et particulière de la politique qui le ferait indépendant et autonome.

En revanche, un centre de la vie politique, où se sont retrouvés des partis et des personnalités soit rejetés par les extrémistes, soit, ce qui est plus intéressant, se positionnant comme modérés et consensuels, existe depuis plus de deux cents ans (comme la droite et la gauche), un centre qualifié tantôt d'espace intermédiaire, de voie moyenne ou de juste milieu mais qui depuis le XXI° siècle est plutôt vu comme un juste équilibre portant les valeurs humanistes, synthèse entre les valeurs du libéralisme, de la démocratie chrétienne et d'un certain radicalisme.

Car les centristes d'aujourd'hui viennent de multiples horizons et courants politiques formés au cours de l'histoire. Il y a bien sûr, et en premier, le libéralisme, celui qui naît au XVII° et XVIII° siècles, qui diffuse ses idées qui influencent largement les révolutions américaines et françaises du XVIII° siècle et qui va mener, tout au long du XIX° siècle une lutte contre le despotisme et pour la liberté, se faisant le chantre d'une démocratie représentative. Il y a ensuite le radicalisme en France qui après avoir été une pensée politique de gauche, voire très à gauche, évolue lentement vers le centre de l'échiquier politique et apporte sa vision de la laïcité et de la république. Puis il y

a les démocrates chrétiens qui, à partir du XX°
siècle commencent à s'organiser et à produire
une pensée politique qui recherche le consensus,
qui est pour la liberté d'entreprendre mais aussi
pour la solidarité envers les classes laborieuses
et les plus pauvres. Enfin, viennent vers le Centre
ceux qui prônant un social-libéralisme ou une
social-démocratie estiment que les partis de
gauche demeurent trop dogmatiques et préfèrent
le pragmatisme des centristes.

Les racines modérantistes

Lorsque l'on étudie l'histoire du Centre et du Centrisme, il faut bien convenir que celui-ci est
d'abord l'histoire d'une modération, d'une médiété, d'une volonté d'être au centre. C'est ainsi que
se voulaient les députés de 1789 qui se dénom-
maient la Plaine et que leurs adversaires trai-
taient avec mépris de Marais, occupés à chercher
l'affrontement plutôt que la conciliation.

Les hommes et les femmes politiques qui ont été
modérés tout au long de l'histoire politique française ont apporté cet apaisement si important
pour qu'une société puisse développer le vivre
ensemble dont elle a impérativement besoin pour
offrir un cadre fait de liberté dans la sécurité. Le
modérantisme apporte prioritairement au Centre
son esprit consensuel et sa mesure ainsi que sa
volonté de trouver des compromis à la base d'un

vivre ensemble qui refuse les confrontations faites de force et de violence.

Les racines libérales

Au début du XIX° siècle, les libéraux sont plutôt à gauche de l'échiquier politique. Mais ils évoluent rapidement jusqu'à se trouver un peu partout, de la droite à la gauche. Le libéralisme économique devient ainsi commun au Centre et à la Droite même si cette dernière demeure très étatique et protectionniste. Quant au libéralisme politique, il irrigue surtout le Centre mais également la Gauche et la Droite. Certains distinguent également le libéralisme intellectuel qui serait plutôt commun au Centre et à une partie de la Gauche.

Selon Mikaël Garandeau dans son livre «Le libéralisme», «la plupart des philosophes libéraux contemporains défendent l'existence d'un Etat providence qui combinerait les libertés et inégalités du marché avec des dispositions de politique sociale égalitaire. Les libéraux acceptent les inégalités du marché non pas en opposant liberté et égalité, mais parce qu'ils pensent que cette liberté économique est nécessaire à la réalisation de l'égalité. Ainsi, il s'agit d'accepter à la fois que les individus soient responsables de leurs choix économiques et de limiter le marché dès qu'il pénalise les individus autrement qu'en raison de leurs choix économiques».

Le libéralisme apporte prioritairement au Centre sa vision de la démocratie et son attachement à la liberté.

Les racines démocrate-chrétiennes

La papauté et les chrétiens vont longtemps s'opposer à la démocratie et à la république même si des chrétiens «éclairés» pavent le chemin vers une implication dans la démocratie qui finira par être la démocratie-chrétienne politique et non plus sociale comme le voulait initialement le Vatican. C'est donc le christianisme qui est source d'action politique. Comme l'explique Pierre Letamendia dans son ouvrage «La démocratie chrétienne», «cette présence chrétienne en politique a des raisons positives. Elle se justifie alors par le souci d'assurer une présence chrétienne explicite dans le monde (…). Il s'agit d'organiser un monde fraternel dont seul le christianisme vécu peut assurer la réalisation si imparfaite soit-elle. Cette tâche est la conséquence d'amour donné aux chrétiens».

La démocratie-chrétienne apporte prioritairement au Centre son humanisme et la notion de personnalisme qui fait de l'être humain le sujet indépassable de la société en transformant l'individu en personne dotée de droits et de devoirs et reconnue comme fin de la société.

Les racines radicales

Radicaux, républicains et radicaux-socialistes, le radicalisme à la française s'organise tout au long du XIX° siècle, ce qui aboutira à la création d'un Parti radical unifié en 1901 mais où les différences idéologiques demeureront fortes, le radicalisme se scindant à périodes répétées et, pour la dernière fois, dans les années 1970 avec la création de deux branches, le Parti radical valoisien (centre-droit, droite modérée) et les Radicaux de gauche (centre-gauche, gauche modérée). Aujourd'hui, les radicaux pensent se réunifier. Les radicaux se veulent des héritiers de la Révolution française, prônant la liberté, la laïcité, la réforme et le patriotisme, totalement dévoués à l'idée républicaine.

Le radicalisme apporte prioritairement au Centre sa vision républicaine et son attachement à la laïcité.

Les racines socialistes

Même si celle-ci sont souvent minces et indirectes, elles sont néanmoins réelles et ont été portée par des sociaux-libéraux ou des sociaux-démocrates qui refusaient toute compromission avec la gauche communiste ou l'extrême-gauche, toutes deux liberticides à leurs yeux.

La social-démocratie et le social-libéralisme apportent prioritairement au Centre sa préoccupation sociale.

DEUXIEME PARTIE

LE CENTRE DANS L'HISTOIRE

Chapitre 1
De la Révolution au II° Empire

1791, naissance du Centre

Un centre politique est apparu lors de la Révolution française. En effet, ni la Grande Bretagne, ni les Etats-Unis, deux pays ayant pourtant introduit le régime parlementaire avant la France et sur un mode plus apaisé, ne possédaient au XVIII° siècle un parti situé au centre de l'échiquier politique.

Cette absence de centre défini et autoproclamé qui ne signifiait pas que les gouvernements de ces deux pays n'agissaient pas «au centre» ou que nombre de leur hommes politiques ne soient pas des modérés ou des personnes militant pour un équilibre. Pour autant, aucun politique ne se réclamait d'une mouvance politique entre les conservateurs et les libéraux en Grande Bretagne ou entre les fédéralistes et les républicains aux Etats-Unis, chacun des partis précités ayant «ses» centristes.

En France, c'est tout le contraire. Dans l'Assemblée de 1791, la force principale (plus de 300 députés) mais inorganisée, est constituée par des députés pour qui prévalent de l'attachement aux principes et aux conquêtes de 1789 et qu'ils veulent préserver à tout prix face à la surenchère des proches du roi qui souhaitent revenir à la monarchie de droite divin et ceux des révolutionnaires extrémistes qui veulent toujours aller plus loin dans un aventurisme qui met en péril toutes les avancées démocratiques.

C'est en 1793 que leur union sera baptisée la «Plaine» ou du terme plus péjoratif de «Marais» par leurs détracteurs qui parlent également, dès 1792, d'adeptes du «modérantisme» ou de «modérantistes» souvent pour fustiger cette modération, notamment sous la Terreur. Ce terme de Plaine vient de l'opposition entre eux et les Montagnards qui sont les révolutionnaires extrémistes et qui ont décidé de se placer en haut et à gauche de l'Assemblée (puis, lorsqu'ils prendront plus de place, en haut à gauche et à droite…).

C'est ainsi que naît la lutte entre la Montagne et la Plaine... Une lutte qui se fait au grand dam des citoyens qui demandent que les deux factions travaillent ensemble. Pas question répond le député Montagnard Lacoste : «Il est impossible que la Montagne descende dans la Plaine et que la Plaine monte sur la Montagne». Le terme assez péjoratif de «Marais» montre qu'adopter une position «au centre» n'était déjà guère aisé mais que la population, elle, voulait d'un consensus, ce qui se produira plusieurs fois au cours de l'histoire…

Le groupe des députés de la Plaine était divers et comptait des personnalités comme l'abbé Henri Grégoire (1750-1831), Jean-Jacques de Cambacérès (1753-1824), François-Antoine de Boissy d'Anglas (1756-1826) ou l'abbé Emmanuel-Joseph Sieyès (1748-1836), auteur du fameux «Qu'est-ce que le Tiers-Etat?».

Le crédo politique d'un Boissy d'Anglas, par exemple, est, selon l'historienne Christine Le Bozec, «la défense des libertés individuelles, de celle de la presse, un attachement indéfectible à la tolérance, en résumé les acquis de 1789 mais en corrélation avec le maintien de l'ordre». Défenseur de la liberté, de l'égalité, de la propriété et du système représentatif face à la démocratie directe, Sieyès estime que «si l'homme est libre, tous le sont, c'est-à-dire tous sont propriétaires inviolables de personnes et de leurs choses. Ils doivent user de l'une et de l'autre, sans empêchement de la part d'autrui. Tous les droits sont renfermés dans cette propriété personnelle et réelle. Dans cet état de liberté, les hommes ne peuvent traiter ensemble que volontairement et par voie d'échange. Ils se reconnaissent leurs droits respectifs, et par cette reconnaissance réciproque, ces droits d'abord purement naturels prennent le caractère de droits positifs. L'engagement volontaire est le principe de toute obligation positive. À côté du droit naît le devoir. Le jeu corrélatif des droits et des devoirs est l'âme de l'ordre social.»

Notons que les termes Droite et Gauche n'existent pas encore, tout comme celui de Centre. Ils seront utilisés, rétroactivement et improprement, par plusieurs historiens. Ensuite, ce clivage s'installera réellement dans l'opinion en 1914 et deviendra une référence incontournable en 1936.

Après la Révolution française et l'empire napoléonien, la monarchie restaurée tente de concilier un retour à «sa» normale avec la prise en compte de nombreux acquis révolutionnaires. Ainsi sous la Restauration (1814-1830) des ministères modérés gouvernèrent la France par intermittence sans pour autant se qualifier de centriste ou d'un terme équivalent.

Disons que les «modérés» sont ceux qui essayent tant bien que mal de limiter, avec l'appui de Louis XVIII, la réaction des ultra-monarchistes revenus au pouvoir et emmenés par le futur Charles X qui tentent par tous les moyens de rétablir la monarchie absolue ce qui causera la perte de ce dernier en 1830 et fera place à la monarchie constitutionnelle de Louis-Philippe, roi des Français et non plus de France.

Dans ce cadre, il faut noter l'action de François-René de Chateaubriand (1768-1848) qui influence Louis XVIII – qui s'identifie à Henri IV plutôt qu'à Louis XIV – en l'amenant à respecter la Charte que ce dernier avait promulgué avant les Cent jours et qui tentait de concilier le retour d'une monarchie de droit divin et certains acquis révolutionnaires. Chateaubriand, dans «De la monarchie selon la Charte» affirme, «je veux toute la Charte, toutes les libertés, toutes les institutions amenées par le temps, le changement des mœurs et le progrès des lumières, mais avec tout ce qui n'a pas péri de l'ancienne monarchie, avec la religion, avec les principes éternels de la justice et de la morale». L'historien Pierre Serna a qualifié cette tentative d'«extrême centre» qui se voulait une réponse aux ultraroyalistes d'un côté et aux tenants de la Révolution française de l'autre.

Ces modérés utilisent les termes comme «union», «compromis pour la défense de l'intérêt national», «intérêt général», «stabilité de la société et de l'État».

1830, Un centrisme orléaniste

Le Centre prend vraiment son envol politique sous la Monarchie de Juillet (1830-1848), avec l'apparition de l'Orléanisme qui est alors une conjonction des modérés de gauche et de droite et que certains baptisent «conjonction des centres». Selon un dictionnaire politique de 1842, c'est le centre qui gouverne en France.

Et c'est le roi lui-même, Louis-Philippe (1773-1850), qui va baptiser son régime en reprenant la fameuse dénomination confucéenne et aristotélicienne de «juste milieu» pour définir son originalité dès 1831 en insérant, d'ailleurs, un trait d'union entre juste et milieu qui est, selon lui, un «pacte d'alliance». Il déclare ainsi aux représentants de la ville de Cosne: «Ce n'est qu'en respectant les droits du peuple que l'autorité royale peut se consolider; ce n'est qu'en se refermant dans de justes limites qu'elle devient une protection tutélaire. On a abusé du pouvoir royal; mais la France a reçu grandes leçons, et dans le cours de la Révolution et à la Restauration; et après avoirs traversé ces temps difficiles, elle est arrivée au point de connaître ce qui lui convient. Je suis doublement heureux d'avoir été l'élu de son choix; elle m'a regardé comme tenant un juste milieu entre l'abus de la liberté et l'abus de l'autorité royale. Je ne veux fonder mon autorité que sur le règne des lois et une sage liberté».

Puis, peu de temps après, il fait une déclaration

assez similaire aux représentants de la ville de Gaillac: «nous chercherons à nous tenir dans un juste-milieu, également éloigné des excès du pouvoir populaire et des abus du pouvoir royal. Ami de la liberté, patriote sincère, je l'ai toujours chérie, et j'ai déploré les désordres qu'ont entraînés les mouvements révolutionnaires; je suis venu avec le désir, avec l'intention d'en préserver mon pays, ainsi bien que de tous les abus de l'arbitraire dans l'exécution des lois».

Va donc se créer autour de ces serments au juste milieu, un espace central qui ne sera néanmoins pas uniforme et monolithique. Comme l'explique le chercheur Gwénael Lamarque, dans le parti orléaniste, «il faut différencier: une gauche dynastique autour de Barrot, Laftitte et du journal Le Siècle disciple d'un libéralisme réformateur favorable à la petite bourgeoisie; un centre gauche autour de Thiers et du Constitutionnel défendant une politique libérale quelquefois conservatrice et une politique extérieure parfois agressive; un centre du centre, le tiers parti de l'avocat Dupin, affublé lui-même de juste-milieu ou encore de marais, alternativement libéral ou conservateur selon ses intérêts; enfin un centre droit autour de Perier, Broglie, Guizot et du Journal des Débats, adepte d'un conservatisme accessoirement libéral, qui évolue progressivement vers la droite, provoquant ainsi la désolidarisation de son aile la plus modérée autour des conservateurs progressistes du marquis de Castellane à partir de

1846».

Les figures emblématiques de cet espace centriste sont Adolphe Thiers (1797-1877) pour le centre gauche et François Guizot (1787-1874) pour le centre droit. Notons que ce dernier, alors premier ministre de Louis-Philippe, utilisera également l'expression de «juste-milieu» du roi pour définir son positionnement politique et la majorité qui le soutient. Il déclarera également que «le but du gouvernement représentatif est d'empêcher à la fois la tyrannie et la confusion, de ramener la multitude à l'unité en la provoquant à la reconnaître et à l'accepter elle-même.» La politique défendue par ces centristes souhaite réconcilier la bourgeoisie attachée à certaines conquêtes révolutionnaires et à certains privilèges de l'Empire et la noblesse toujours majoritairement anti-démocratique. Pour l'historien Pierre Rosanvallon, il s'agit d'une «politique du juste milieu cherchant à trouver le chemin d'un gouvernement constitutionnel également distant de l'Ancien Régime et des ardeurs jacobines».

L'Orléanisme a gardé une postérité assez négative d'un mouvement qui était surtout contre les extrêmes sans pour autant développer une pensée propre. Ceci, d'ailleurs, le discrédita aux yeux de ses contemporains et figure parmi les causes de la Révolution de 1848. Néanmoins, la réalité, comme souvent, semble moins catégorique, comme l'explique l'historien politique René Rémond: «Il est contraire à la vérité historique qu'à la justice de le peindre sous les noires couleurs d'une coterie toute préoccupée de compromis et d'opportunisme. Si l'Orléanisme a pu survivre longtemps au régime dont il tire son nom et sa tradition, c'est qu'il s'appuyait sur des convictions, se référait à une doctrine, comportait une idéologie». Ainsi, par exemple, «Le parlementarisme, c'est le compromis érigé en règle de gouvernement, l'application au fonctionnement de l'Etat de cet esprit de conciliation qui est l'essence de l'Orléanisme».

II° République, les centristes «bleus»

L'éphémère Deuxième République installée par la Révolution de 1848 sera gouvernée «au centre» par les «bleus». Ceux-ci sont des républicains aussi hostiles au retour de la monarchie défendue par les «blancs» que par le socialisme défendue par les «rouges» avec Alexandre Ledru-Rollin à leur tête.

On y trouve des personnalités comme Alphonse de Lamartine (1790-1869), Etienne Arago (1802-1892), Adolphe Crémieux (1796-1880), Louis-Antoine Garnier-Pagès (1803-1878), Louis-Eugène Cavaignac (1802-1852), entre autres. Ceux-ci sont souvent imprégnés des idées venus du journal «National» qui est alors dirigé par Armand Marrast (1801-1852) qui devient membre du gouvernement provisoire lors de la révolution puis maire de Paris. Comme le note Eric Anceau, Armand Marrast et ses collaborateurs du National élaborent un programme de gouvernement qui «est clairement celui d'une république du centre qui rejette aussi bien les solutions des jacobins et des socialistes que celles des monarchistes de toutes nuances». Selon eux, «la seule voie possible est médiane et modérée», écrit encore Anceau.

Cette donne politique, on la retrouvera sous le Second Empire, après la période autoritaire, lorsque les circonstances obligent Napoléon III à un règne plus ouvert, baptisé «Empire libéral», donc plus consensuel avec la figure d'Emile Ollivier.

En 1864, dans son Dictionnaire générale de la politique, Maurice Block définit ainsi le centre: «En politique on désigne par le nom de centre la partie moyenne des assemblées législatives, c'est-à-dire ceux des membres de ces assemblées qui se tiennent à égale distance des représentants du passé, d'une part, et des promoteurs du progrès (réel ou supposé), de l'autre. (...) On parle d'un centre droit et d'un centre gauche, selon que ceux qui en font partie inclinent davantage aux idées anciennes ou aux idées nouvelles.»

Chapitre 2
La III° République

Les véritables débuts du Centrisme républicain

Même si la II° République avait été gouvernée un temps au centre, c'est au cours des régimes républicains qui se sont succédé à partir l'avènement de la Troisième République en 1870 et jusqu'à aujourd'hui qu'un Centre se structure vraiment d'abord comme force politique puis comme une pensée politique autonome. De la fin du XIX° siècle jusqu'en 1958, de nombreux partis «centristes» ont existé et le «gouvernement au centre» a été souvent de mise avec des coalitions de type «Concentration», «Conjonction des centres» (de 1896 à 1898 avec le ministère Méline) ou «Troisième force» (de 1947 à 1951 et de 1956 à 1958 où se retrouvaient les radicaux, les socialistes et le MRP (Mouvement Républicain

Populaire) qui se présentait comme un parti démocrate-chrétien progressiste.

Néanmoins, on peut affirmer que peu de partis furent réellement centristes, à part sans doute le MRP – et encore – et qu'il n'y eut jamais réellement de «gouvernement du Centre». Reste que la politique modérée mise en œuvre chaque fois qu'il y eut «gouvernement au centre» n'est pas sans filiation avec certaines valeurs mises en avant par le Centre évidemment. Pour autant, cette filiation demeure parfois lointaine. Car ce centre et ce centrisme n'ont été, pendant longtemps, qu'une simple localisation sur l'échiquier politique de partis et de personnalités qui ne se reconnaissaient ni dans la droite extrême, ni dans la gauche extrême ou, pire encore, qui se retrouvaient au centre malgré eux.

Ce fut le cas, en particulier du Parti Radical qui, au fil des ans, se caractérisa par un programme de gauche et une pratique de droite ainsi qu'un positionnement de «parti charnière», c'est-à-dire de formation politique d'appoint nécessaire pour bâtir une majorité.

Ainsi, point de «pensée centriste» et encore moins de «politique centriste». Aucun modèle idéal centriste, aucun paradigme centriste, non plus le plus souvent même si quelques personnalités comme Aristide Briand, par exemple, ont approfondi l'idée centriste pour en faire une méthode de gouvernement qui n'était plus uniquement que de la modération.

1871, le «Centre gauche» soutien de la république modérée

Formé en 1871 pour soutenir Adolphe Thiers face aux monarchistes et aux socialistes, le groupe parlementaire Centre gauche est une formation libérale, attachée à la république. Dirigé par Léon Say (1826-1896), petit-fils de l'économiste Jean-Baptiste Say, il va être déterminant dans le soutien au régime républicain qui est alors attaqué par les tenants d'un retour du roi au pouvoir.

Léon Say, économiste lui aussi et auteur de nombreux ouvrages parmi lesquels on trouve «Contre le socialisme» et «Initiative individuelle» donnait une vision de sa volonté consensuelle en politique lors de son discours de réception à l'Académie française en 1886 qu'Anatole France salua en écrivant que «ses discours politiques sont d'un art achevé»: «Que de gens s'imaginent qu'en établissant de bons rapports entre les hommes, on peut opérer un rapprochement entre leur politique. S'il en était ainsi, une liste de ministres dressée dans le cabinet d'un homme d'État, ressemblerait à une liste de convives dressée dans la salle à manger d'un homme du monde. De même que des convives aimables peuvent s'asseoir à une même table, couverte de bonnes choses, pour parler agréablement en dî-nant, de même, des hommes politiques bien éle-vés pourraient s'asseoir à une même table, cou-verte de moins bonnes choses, c'est-à-dire de programmes et de projets de lois pour gouverner ensemble en causant. Les hommes d'État, dans cette hypothèse, n'auraient qu'un mot à dire à leurs comités électoraux: 'Établissez entre nous de bonnes relations et nous vous ferons de bonne politique.' La réalité est malheureusement moins aimable. Il ne suffit pas d'être bien élevé pour attirer à soi ses adversaires politiques ; les bons sentiments et l'estime réciproque ne sont pas suffisants pour former un parti».

Le Centre gauche, lui, va compter pas moins de 150 députés dans la première Assemblée natio-nale de la III° République. Pour l'historien Jean Garrigues, le Centre gauche a joué un «rôle poli-tique déterminant» avec des personnalités comme Léon Say, Jean Casimir-Perier (1847-1907), Jules Dufaure (1798-1881), Edouard de Laboulaye (1811-1883), Edmond Schérer (1815-1889), Jules Bartélemy-Saint-Hilaire (1805-1895), Emile de Marcère (1828-1918), William Wadding-ton (1826-1894) et Alexandre Ribot (1842-1923).

«Ces personnalités de premier plan, poursuit-il, issues pour la plupart de l'opposition libérale à Napoléon III, ont été souvent sous-estimées, voire ignorées par les historiens de la Troisième République. Ils jouent pourtant un rôle central dans l'instauration du régime républicain, au moins jusqu'en 1879. Entre 1871 et 1873, c'est grâce à leur appui qu'Adolphe Thiers peut promouvoir la République conservatrice, dans une assemblée à majorité monarchiste. De 1873 à 1875, ils se livrent à un véritable travail de sape parlementaire pour amener une partie des orléanistes à voter les lois constitutionnelles. On peut citer notamment le rôle essentiel d'Edouard de Laboulaye, le véritable 'père' des institutions de 1875, et celui d'Henri Wallon, auteur de l'amendement décisif sur la présidence de la République. En outre, le Centre gauche occupe des fonctions ministérielles déterminantes pour la stabilisation du régime républicain».

Et Jean Garrigues de conclure: «Voici dont une force centriste, définie comme tel, mais qui ne se contente pas d'être une force d'appoint, un marais sur l'échiquier politique. Si le Centre gauche recherche systématiquement la négociation, le consensus avec ses interlocuteurs du Centre droit, c'est toujours en faveur de la République, et avec une grande fermeté. Et même lorsque le Centre gauche est écarté du pouvoir, en 1882, il continue de se situer dans la majorité républicaine, y compris lors du vote des lois Ferry sur la laïcisation de l'enseignement primaire et lors des rendez-vous électoraux de 1885 et 1889».

1880-1900, la République au centre

De 1880 à 1900, beaucoup d'observateurs contemporains et actuel de la vie politique d'alors comme Eugen Weber, Léon-Ernest Jacques, Guy Antonetti, etc., estiment que la III° République fut gouvernée au centre avec les Républicains modérés qui demeurèrent au pouvoir de 1876 à 1898. Ainsi, une figure comme Jules Ferry (1832-1893), annexé plus tard par la Gauche - et figurant depuis dans son panthéon de ses illustres ancêtres -, était alors traité de libéral et décentralisateur, deux termes qui le situent plutôt au centre…

Comme l'écrit le politologue Marc Crapez: «En dépit des dénominations parlementaires de l'époque, la Troisième République est assise sur un centrisme qui ne tend à porter parfois à gauche qu'eu égard à l'anticléricalisme. L'opportunisme gouverne socialement contre le socialisme et politiquement contre la Droite. Si le centre de gravité politique du régime est l'opportunisme, son point d'équilibre idéologique réside entre la Gauche modérée (centre-gauche) et le Centre-Gauche des orléanistes 'avancés' (centre-droit). C'est cette alliance qui fonde la stabilité de la Troisième République. (…) Le tempérament 'orléaniste libéral' recouvre le personnel du Centre-Gauche et du Centre-Droit.»

1901–1940, l'Alliance républicaine démocratique

L'Alliance républicaine démocratique est fondée par plusieurs personnalités dont Adolphe Carnot (1839-1920) et Henry Blanc (1858-1936), en octobre 1901. Elle va devenir sous différentes appellations (Alliance républicaine démocratique (1901-1911 et 1917-1920); Parti républicain démocratique (1911-1917); Parti républicain démocratique et social (1920 à 1926); Alliance démocratique (1926-1940) la principale formation au centre-droit de la III° République.

Elle a compté dans ses rangs des personnalités comme Pierre Waldeck-Rousseau (1846-1904), Louis Barthou (1862-1934), Raymond Poincaré (1860-1934), Joseph Caillaux (1863-1944), Emile Loubet (1838-1929), Paul Deschanel (1855-1922), Armand Fallières (1841-1931) ou Maurice Rouvier (1842-1911).

L'Alliance républicaine se veut une sorte d'héritière du Centre gauche de Léon Say. Sa doctrine est ainsi, à la fois, libérale, républicaine, réformiste et laïque et sa création est une volonté de bâtir un centre du «juste milieu» opposé à la fois à la gauche et à la droite avec le slogan «ni réaction, ni révolution».

Pour l'historienne Rosemonde Sanson, «l'Alliance républicaine démocratique regroupe des républicains 'modérés, mais non modérément républicains'. Le mouvement est cité, mais méconnu. Fondé le 23 octobre 1901, il perdure jusqu'en 1939-1940 et connaît même une reviviscence au lendemain de la Seconde Guerre mondiale, comme parti, puis comme club jusqu'en 1978. (...) Elle est constituée 'd'hommes qui, soit dans leur majorité parlementaire, soit dans le pays, ne sont ni radicaux, ni socialistes, mais profondément républicains et démocrates'. Au vrai, ceux-ci veulent se démarquer des radicaux-socialistes, et aussi de la réaction 'clérico-césarienne', donc former une 'troisième force'. (...) En 1921, l'Alliance, devenue alors le parti républicain démocratique et social, entend préciser: 'La majorité républicaine se délimite, à droite, à l'acceptation des lois de la République, et en particulier des lois de laïcité'».

Le programme de l'Alliance démocratique, cité par Rosemonde Sanson, est d'inspiration nettement centriste: «Une république ordonnée et libérale (...), passionnément préoccupée de tous les progrès et avant tout du progrès social; antinationaliste (...), anticléricale, vraiment démocratique, sagement et profondément réformatrice».

1906-1932, Aristide Briand et le «briandisme»

Rien ne disposait a priori Aristide Briand (1862-1932) de devenir un des premiers à conceptualiser un Centrisme en France, lui qui fit ses armes politiques à gauche et chez les socialistes. Cependant, le natif de Nantes se rapprocha lentement du Centre à partir de 1906 où il trouva l'espace politique de ce que l'on allait appeler le «briandisme» (à noter que pour certains le briandisme constitue plutôt le fond de la politique étrangère qu'Aristide Briand mis en place à partir de 1921 en vue d'une réconciliation avec l'Allemagne et en faveur de la paix universelle qui lui valut le Prix Nobel de la paix en 1926 en compagnie de l'Allemand Gustav Stresemann).

Onze fois Président du Conseil et occupant le reste du temps des ministères importants dans la plupart des gouvernements jusqu'à sa disparition en 1932, il souhaitait, selon ses dires, que la politique soit «l'art de concilier le désirable avec le possible.». Selon l'historienne Christine Bouneau, «Briand pourrait représenter une sorte de centrisme philosophique. Il faudrait, en effet (…) opérer une distinction entre un centrisme politique (avec le recours à la concentration) dont relève sa pratique et qui aboutit à de fragiles résultats sinon à des échecs et un centrisme philosophique ou idéaliste dont relève son projet ou son idéal politique et dont l'échec est peut-être à relativiser. En effet, la politique de Briand ne serait pas uniquement un juste-milieu un peu mou comme pourrait le laisser croire sa souplesse apparente. Il serait profondément persuadé que dans n'importe quelle situation y compris conflictuelle (…) aucun des camps en présence n'a entièrement raison ou totalement tort. Ennemi de tout dogmatisme il serait persuadé de 'l'impossibilité de parvenir dans le champ politique à une vérité une' d'où son relativisme et sa propension à une recherche profonde de conciliation».

Et d'ajouter que «le briandisme dans son unité (conciliation ou consensus en politique intérieur et extérieure) semble assez pionnier. (...) Il dépasse un simple centrisme politique. Il pourrait aspirer en effet à un centrisme philosophique (ou une philosophie du centre?) synonyme de relativisme philosophique, à la base même de l'attitude démocratique et aujourd'hui accepté par la plupart des partis politiques».

N'oublions pas, évidemment, qu'Aristide Briand porta la loi de 1905 de séparation de l'Eglise et de l'Etat qui a fondé la laïcité moderne et qu'il voyait d'une manière beaucoup plus apaisée que celle qui a été mise en œuvre alors par la III° République. Sans oublier son projet d'une Europe unie avec, dans le discours qu'il prononce le 5 septembre 1929, en qualité de Président du Conseil, en faveur d'un «lien fédéral» à la tribune de la Société des Nations et qui recevra le soutien du chancelier allemand Stresemann. S'en suivra un mémorandum rédigé par le gouvernement français dans lequel on trouve, pour la première fois, l'expression «Union européenne».

Chapitre 3
La IV° République

1946, La troisième force avec le MRP

Alors que les centristes ont souvent été vilipen-
dés pour se rallier à la Droite, on doit à un mouvement plutôt de centre-gauche la première
ébauche de pensée politique centriste. Ce n'est,
en effet, véritablement qu'après la deuxième
guerre mondiale que les idées centristes se structurent en véritable projet programmatique –
même s'il ne faut pas oublier Aristide Briand et
son briandisme – avec, en particulier, le Mouvement républicain populaire, mieux connu sous le
sigle MRP, parti fondé les 25 et 26 novembre
1944 et première force politique française lors
des élections de juin 1946.

Cette politique démocrate chrétienne de gauche

ne sortait pas de nulle part. Elle était directement inspirée par les catholiques de gauche ou sociaux qui s'étaient investis dans la sphère politique depuis le début du siècle avec, en particulier, Marc Sangnier puis Emmanuel Mounier qui créèrent notamment le «personnalisme» qui se voulait une pensée déterminant l'être humain dans la société en opposition à l'individualisme et au constructivisme dans une optique de fidélité à l'Evangile. Cette démocratie chrétienne fut d'abord soutenue par le Vatican à la fin du XIX° et au début du XX° siècle avant d'être condamnée par les autorités ecclésiastiques. Les promoteurs de ce mouvement mirent alors en place d'autres structures en évitant d'utiliser des appellations religieuses. C'est ainsi que les démocrates chrétiens de droite créèrent en 1924, le Parti Démocrate Populaire qui demeura une petite formation politique jusqu'à sa disparition lors de la Deuxième guerre mondiale.

Les Démocrates chrétiens se retrouvèrent ensemble dans la Résistance durant le deuxième conflit mondial. C'est là qu'ils imaginèrent l'entreprise du MRP qui se voulait une alternative entre la Gauche et la Droite. Comme le déclarait un de ses dirigeants historiques, Pierre-Henri Teitgen (1908-1997), «le MRP ce n'est ni le socialisme malade de l'Etat, ni le libéralisme malade de l'argent». Et son comité national en 1964 affirmait toujours cette même volonté, alors que le parti était en nette perte de vitesse, «le MRP luttera contre toute tentative de polarisation de l'opinion publique autour des extrêmes».

Il s'agissait donc de créer un grand parti centriste de tradition chrétienne comme dans les autres pays d'Europe, notamment en Italie et en Allemagne. Cette tâche fut poursuivie ensuite par les héritiers du MRP – qui se mit de lui-même «en sommeil» en 1967 après avoir quitté le gouvernement en 1962 -- mais plus à droite que lui, avec des partis comme le Centre démocrate (1966) qui vit le jour après l'élection présidentielle de 1965 et qui regroupait les partis qui avaient soutenu la candidature de Jean Lecanuet (1920-1993) – qui obtint près de 16% des suffrages exprimés et arriva en troisième position derrière de Gaulle et Mitterrand – ou le Centre démocratie et progrès (1969) qui est issu d'une scission d'avec le Centre Démocrate.

Le MRP fut à l'origine de l'expérience de la Troisième force qui, selon Sylvie Guillaume, «fut une véritable expérience centriste». L'historienne en donne une définition: «La Troisième force désigne un regroupement de plusieurs partis de gouvernement de la IV° République qui unissent leurs efforts contre une double opposition, celle du Parti communiste français et celle du Rassemblement du peuple français, créé par le général de Gaulle en avril 1947 (...) Comme l'écrivit Eric Duhamel, la Troisième force est le résultat de 'deux formules', la première qui suggère le rapprochement entre la SFIO et le MRP pour constituer un mouvement dynamique de tendance centre gauche, la seconde découle de la nécessité d'un élargissement vers le centre droit avec les radicaux et le Centre national des indépendants.»

On peut également retrouver la filiation du MRP dans les partis comme le CDS (Centre des démocrates sociaux) créé en 1976 par Jean Lecanuet et Jacques Duhamel (1924-1977) ou de Force démocrate créé en 1995 par François Bayrou (1951).

Chapitre 4
La V° République

1971-1974, Centre Démocrate, CDS, Mouvement Réformateur et l'élection de Valéry Giscard d'Estaing à l'Elysée

Dans les années 1970, les Démocrates chrétiens s'allièrent à d'autres centristes ce qui donna, notamment, le Mouvement Réformateur créé par le Centre Démocrate, le Parti Radical et quelques autres composantes centristes le 3 novembre 1971 (avec la parution en 1973 du «Projet réformateur» signé Jean-Jacques Servan-Schreiber (1924-2006)) et qui devint en juin 1975 la Fédération des Réformateurs.

Toute cette mouvance centriste se déchira au cours de la fin des années soixante et le début des années soixante-dix jusqu'à ce que Valéry

Giscard d'Estaing (1926) (droite modérée) parvienne à la présidence de la république française en 1974 (avec 50,66% des voix au second tour) grâce aux voix centristes.

Un Valéry Giscard d'Estaing qui déclara lors d'une conférence de presse en décembre 1975, «Je gouverne et gouvernerai la France au centre».

Alors, première étape, le CDS (Centre des démocrates sociaux) vit le jour en 1976. Sorte de nouveau MRP, il réunissait deux mouvances qui s'étaient séparé en 1969, le Centre démocrate de Jean Lecanuet – qui demeura dans l'opposition – et le Centre démocratie et progrès de Jacques Duhamel qui s'était alors rallié à Georges Pompidou et qui gouverna avec lui jusqu'en 1974. La deuxième étape fut la réunion de la grande majorité des centristes au sein de l'UDF créée le 1er février 1978 sous le patronage de Valéry Giscard d'Estaing.

Même s'il n'était pas centriste, le nouveau président se situait entre les socialistes et les gaullistes et développa au fil du temps une envie de «juste milieu» (terme, on l'a vu, déjà utilisé par Guizot en son temps...) et une tentative de «libéralisme avancé» qui souhaitait allier un libéralisme économique et une société libéralisée (droit de vote à 18 ans, légalisation de l'avortement, etc.). De même, il ne faut pas oublier de mentionner la fameuse phrase que Valéry Giscard d'Estaing prononça lors d'un discours à Charenton en octobre 1972, un an et demi avant l'élection présidentielle de 1974 qui le mena à l'Elysée: «la France souhaite être gouvernée au centre». Dès 1966, d'ailleurs, le futur président de la république déclarait, «Pour certains le Centrisme n'a aucun contenu intellectuel (...). Nous pensons au contraire que le Centrisme exprime une certaine manière d'appréhender les problèmes, caractérisée par le refus des extrêmes et le choix délibéré de l'action (...)».

Avant cela les centristes avaient néanmoins été présents et pas simplement pour faire de la figuration. D'abord aux élections présidentielles de 1965 avec Jean Lecanuet – membre du MRP puis de toutes les formations centristes et, enfin, président de l'UDF – qui obtint 15,85% des voix permettant de mettre le Général de Gaulle en ballottage. Puis à celles de 1969 avec Alain Poher (1909-1996), le président du Sénat, qui obtint 23,42% des voix au premier tour et 42,41% au deuxième tour face à Georges Pompidou.

Deux tentatives malheureuses, malgré des chiffres tout à fait honorables (même si les circonstances de l'élection de 1969 permirent ce score élevé: de nombreuses voix socialistes se portèrent dès le premier tour vers cette candidature qui était avant tout antigaulliste et anticommuniste avant d'être pro-centriste...), démontrant, à chaque fois, que le Centre existait bien électoralement.

1978, L'UDF au pouvoir, Centrisme et «giscardisme»

L'Union pour la démocratie française ou UDF a été conçue et voulue par Valéry Giscard d'Estaing pour se doter d'un parti de centre-droit qui pouvait faire concurrence aux Gaullistes alors première force politique de droite en vue des élections législatives de 1978. Cette «union» s'en sortit assez bien et devint une force politique à part entière jusqu'à sa scission et sa disparition définitive en 2007.

La pensée de l'UDF se rattachait, à ses débuts, au contenu d'un livre publié le 11 octobre 1976 par le président de la république, Valéry Giscard d'Estaing, intitulé «Démocratie française», qui se voulait la base idéologique d'un parti du consensus, du «juste milieu». On reprochait alors au «giscardisme» d'être une pensée politique pauvre et très élastique essentiellement due au fait qu'il était né du regroupement hétéroclite de petits partis aux orientations parfois plus que divergentes même si Valéry Giscard d'Estaing avait eu l'occasion de poser les jalons de sa vision de la société au cours des années 1960 et au début des années 1970.

«Le fait est là: la réalité sociale de la France est celle d'une société en voie d'unification, sous l'action de trois facteurs qu'il faut constamment garder à l'esprit: élévation du niveau de vie, éducation et information», écrivait Valéry Giscard d'Estaing alors. De ce constat repris dans un second ouvrage, «Deux Français sur trois» publié en 1984, Valéry Giscard d'Estaing – battu entre temps aux élections présidentielles de 1981 par François Mitterrand – tirait la conclusion qu'il existait donc «un immense groupe central aux contours peu tranchés», un «centre sociologique». Et, «sa vocation n'est pas d'être embauché comme troupe de renfort pour des combats qui ne seraient pas les siens, qu'il s'agisse du combat de retardement des tenants de l'immobilisme social, ou du combat des prophètes du messianisme prolétarien... Elle est d'être le rassembleur d'une société progressivement débarrassée de ses divisions.»

Dans son esprit, c'est l'UDF qui avait vocation à représenter ce groupe central et à se positionner au centre de l'échiquier politique. Cela en fit-il pour autant un parti véhiculant une pensée réellement centriste? Non, pour deux raisons. La première est que l'UDF était composée d'une multitude de courants dont certains n'avaient aucune filiation avec le Centre mais plutôt des ramifications avec la droite extrême ou avec un conservatisme pur et dur. La deuxième est donnée par Valéry Giscard d'Estaing lors d'un discours en 1980: «C'est la ligne du juste milieu». Cette terminologie de «juste milieu», on l'a vu, fut déjà utilisée par Guizot, premier ministre du roi Louis-Philippe. C'est avant tout un positionnement politique par rapport à des extrêmes et non une pensée politique forte et autonome.

Cette idée du «juste milieu» ne renvoie qu'à une politique molle et sans contenance si elle est vraiment appliquée à la lettre. Or le Centre est une force dynamique qui propose sa propre vision de la société et non une vision édulcorée de Droite et de Gauche. Le vrai principe politique du Centre c'est de gouverner par le «juste équilibre» et non au «juste milieu». Néanmoins, il est indéniable que l'UDF se fixait des objectifs centristes: «La synthèse, la rencontre des hommes, la mobilisation des forces pour aider la France et non pour déchirer la France.» proclamait son fondateur qui ajoutait, à propos de son «juste milieu»: «Ce n'est pas une ligne neutre. C'est une ligne de paix et d'entente, à suivre avec beaucoup de soin dans ces temps de tempête. (...) C'est la ligne juste, celle où peuvent un jour se rencontrer, se réunir et se rassembler les Français.»

En 1988, Valéry Giscard d'Estaing qui rêvait de prendre sa revanche sur François Mitterrand qui l'avait battu de justesse en 1981, renonça à se présenter à l'élection présidentielle. Raymond Barre (1924-2007) le remplaça en tant que candidat de l'UDF (même s'il n'a jamais été membre du parti centriste, se voulant, à l'instar de de Gaulle «au-dessus des partis»). Ancien premier ministre de Valéry Giscard d'Estaing et maire de Lyon, il était proche des valeurs humanistes du Centre. Surtout, il prônait la responsabilité politique et détestait l'opportunisme. Dans certains sondages, il s'est retrouvé en tête mais sa candidature s'affaissa au fur et à mesure de sa campagne. Il réalisa 16,5% des suffrages exprimés, termina en troisième position et se désista pour le second tour en faveur de Jacques Chirac, le candidat de la Droite. Ce qui n'empêcha pas certains de ses soutiens centristes de rentrer dans le gouvernement de Michel Rocard, nommé premier ministre par François Mitterrand après sa réélection et dont le but de cette nomination était d'ouvrir au centre la majorité présidentielle.

A la fin des années 1990, l'UDF a évolué vers plus d'homogénéité – récupérée essentiellement par Force Démocrate, anciennement appelée CDS, créée en 1995 par François Bayrou – et affirma à partir de 1999 et, surtout, depuis les élections présidentielles de 2002, sa vocation à être ce parti du Centre en développant une pensée autonome à partir d'un héritage diversifié provenant notamment de ses origines libérales mais aussi de la démocratie chrétienne.

Malgré un nouvel enterrement de la mouvance centriste par les «experts» et autres journalistes, l'UDF, en allant seule au combat de l'élection présidentielle de 2002 et aux élections européennes de 2004, prouva qu'un centre électoral existait encore même si les scores obtenus n'ont pas été à la hauteur d'une formation politique qui souhaitait jouer un rôle majeur au niveau national et européen. Les sondages étaient d'ailleurs paradoxaux. Si les Français souhaitaient une présence plus importante de l'UDF et son affirmation en tant que formation centriste, ils n'étaient pourtant pas prêts à voter massivement pour elle peut-être faute de lisibilité ou de crédibilité sur ses propositions ou encore sur l'absence de charisme de ses dirigeants.

Néanmoins, l'ancrage au centre semblait se préciser lors du congrès extraordinaire du mouvement début 2006 à Lyon qui légitima le discours centriste de François Bayrou qui avait déclaré déjà lors du congrès de l'UDF à Paris en 2005 que «Le centre a changé de visage. Hier, il était la recherche éperdue d'un compromis et une simple variante de la droite. Aujourd'hui il a renoué avec sa vocation, capable de dire non à toutes les pressions d'où qu'elles viennent, et porteur d'un projet qui ne ressemble à aucun autre, par ses idées et par la pratique.»

2007-2017, Mouvement démocrate, Nouveau centre et UDI

Le positionnement centriste de l'UDF fut remis en

cause lors de l'élection présidentielle de 2007. François Bayrou (1951), une nouvelle fois candidat, joua une partition souvent plus proche de la gauche que de la droite sans réel propositions centristes. Cela lui permit de faire un très bon score – 18,57% -- au premier tour mais pas de participer au second tour qui vit la victoire de Nicolas Sarkozy, le candidat de la droite. Cette défaite honorable enflamma le leader de l'UDF qui s'était vu pendant un temps à l'Elysée. Du coup, pour façonner un parti uniquement dédié à son avenir présidentiel, il changea l'UDF en Mouvement démocrate où la référence centriste ne fut plus utilisée que pour se différencier de l'UMP, le parti du nouveau président français, Nicolas Sarkozy, et du Parti socialiste avec un curseur se situe néanmoins nettement au centre-gauche jusqu'en 2012.

D'ailleurs, François Bayrou a plusieurs fois déclaré que le mot «centrisme» ne faisait pas partie de son vocabulaire. Il veut plutôt incarner une «troisième voie» dont il a toujours eu du mal à dessiner les contours, les confondant souvent avec ceux d'une union nationale qui fut un thème majeur de ses campagnes présidentielles de 2007 et 2012.

L'élection présidentielle de 2007 a également été, paradoxalement, une catastrophe pour le Centre. Car le bon score de François Bayrou a provoqué l'implosion de l'UDF. Ainsi, la frange de centre-droit de l'UDF qui ne se reconnaissait plus dans le message «gauchisant» de son président a quitté le parti entre les deux tours de l'élection pour créer une nouvelle formation politique, le Nouveau Centre, qui a soutenu Nicolas Sarkozy au second tour et qui a participé sans interruption au gouvernement de ce dernier de 2007 à 2012 et a fait partie, à l'Assemblée Nationale, de la majorité présidentielle sans grande indépendance.

Cette séparation entre un Mouvement démocrate lorgnant à gauche et un Nouveau Centre faisant de même à droite a laissé orphelins un certain nombre de centristes qui préfèrent un parti centriste indépendant même si celui-ci doit nouer des alliances politiques de gouvernement. C'est dans ce sens que Jean Arthuis, sénateur de la Mayenne et ancien membre de l'UDF, a créé en juin 2009 un parti, l'Alliance Centriste, dont le but était de réunifier les Centristes dans un même parti indépendant et de proposer un programme centriste. Mais cette tentative n'a pas abouti, l'Alliance centriste étant demeuré un micro-parti politique sans réelle direction et personnalités de premier plan, incapable d'être un lien entre le Mouvement démocrate et le Nouveau centre et d'insuffler une dynamique refondatrice de l'espace centriste.

A l'approche des élections présidentielles de 2012, plusieurs centristes déclarèrent leur intention de se présenter: François Bayrou (Mouvement démocrate), Hervé Morin (1961) (Nouveau centre), Jean-Louis Borloo (1951) (Parti radical), Jean Arthuis (1944) (Alliance centriste). Les deux derniers en demeurèrent là alors que François Bayrou et Hervé Morin partaient à l'aventure sans savoir exactement de quoi elle serait faite, tant le Centre semblait absent des préoccupations politiques des Français.

Au cours de la campagne, Hervé Morin déclara forfait, à la fois, à cause de sondages catastrophiques (1% d'intentions de vote), de difficulté à obtenir les 500 parrainages d'élus pour se présenter et d'une hostilité dure d'une partie du Nouveau centre dont il était pourtant le président – hostilité venue principalement d'anciens ministres de Nicolas Sarkozy comme Maurice Leroy (1959) et François Sauvadet (1953) et surtout de son président-délégué, Jean-Christophe Lagarde (1967).

Ne demeurait plus en liste que François Bayrou qui crut pouvoir rééditer son score et sa performance de 2007 lorsque des sondages dans lesquels il plafonnait autour de 7%, le montrèrent aux alentours de 13% d'intentions de vote en quelques semaines. Mais cela ne dura qu'un temps et il retomba vite sous les 10%. C'est d'ailleurs un score de 9,3% qu'il réalisa lors du premier tour. C'est alors qu'il décida de se désister pour le candidat socialiste et futur président de la république, François Hollande, s'attirant l'ire d'une grande partie des centristes, même dans son propre parti.

Les élections législatives qui suivirent furent cruelles pour les centristes qui perdirent de nombreux députés. S'ajoutait à cela de nouvelles divisions (notamment au Nouveau centre où les adversaires d'Hervé Morin le quittèrent). C'est alors que Jean-Louis Borloo (Parti radical) avec l'aide de quelques centristes comme Jean-Christophe Lagarde, en premier lieu, François Sauvadet et Maurice Leroy, décida de fonder un groupe parlementaire réunissant les centristes à l'Assemblée nationale. L'UDI, Union des démocrates et indépendants, réunit ainsi 30 députés dont tous les centristes sauf les deux élus du Mouvement démocrate et ceux, à gauche, des Radicaux de gauche.

A noter que Jean-Christophe Lagarde et les dissidents du Nouveau centre ont créé à l'été 2012, une nouvelle formation centriste, de «démocrates sociaux» selon eux, Force européenne démocrate (FED).

Le 18 septembre 2012, l'UDI fut transformé en parti politique réunissant en une confédération tous les partis de centre-droit (Nouveau centre, Force européenne démocrate, Alliance centriste) avec, en plus, le Parti radical et quelques groupuscules comme la Gauche moderne ou Territoires en mouvement, sous la présidence de

Jean-Louis Borloo. L'UDI se déclarait en outre, «alliée naturelle» de l'UMP donc dans l'opposition à François Hollande et à son gouvernement. Face à cela, le Mouvement démocrate vivait une grave crise, son aile gauche demandant une participation à la majorité présidentielle et son entrée au gouvernement pendant que son aile droite tentait de renouer avec les anciens de l'UDF alors à l'UDI.

Devant le peu d'empressement des socialistes de faire une place à François Bayrou dans leur majorité, ce dernier – sans plus aucun mandat électif depuis sa défaite aux législatives de 2012 – décida de se rapprocher de l'UDI et de Jean-Louis Borloo (qui a depuis quitté la vie politique sans que l'on sache si cela est momentané ou définitif). Après négociations qui lui permirent de récupérer un mandat en tant que maire de Pau, François Bayrou créa avec le président de l'UDI, en novembre 2013, l'«organisation coopérative» L'Alternative en signant une charte des plus floues mais qui indiquait que son alliance naturelle était à droite, ce qui représentait un changement de cap pour le Mouvement démocrate. D'ailleurs, l'aile gauche de ce parti le quitta en 2014 pour créer une nouvelle formation qui se veut alliée des socialistes, Front démocrate.

L'Alternative ne fonctionna guère lors des municipales de 2014 mais elle présenta des candidats communs aux élections européennes de 2014 en ne recueillant que moins de 10% des voix (9,93%). Après le retrait de la vie politique de Jean-Louis Borloo, une élection à la présidence de l'UDI fut organisée à l'automne 2014. Elle fut gagnée au deuxième tour par Jean-Christophe Lagarde (FED) devant Hervé Morin (Nouveau centre). Mais les deux hommes ne s'aiment pas et la vie de l'UDI a été, de 2014 à 2017, rythmée par ce différend plus personnel que politique. Si l'UDI existe encore, la confédération ne regroupe plus que la FED et le Nouveau centre et, pour quelque temps encore, le Parti radical qui devrait bientôt former avec le Parti radical de gauche, une nouvelle formation.

Quant au Mouvement démocrate, il a vivoté jusqu'en 2017 où le ralliement de François Bayrou à Emmanuel Macron en janvier de cette année, juste avant les présidentielles, lui a donné une seconde vie tout à fait improbable grâce à la victoire de ce dernier et à son installation à l'Elysée.

TROISIEME PARTIE

LE CENTRE AUJOURD'HUI

Chapitre 1
Le Centre contemporain à l'aune de la victoire d'Emmanuel Macron

Selon le dernier sondage réalisé sur le positionnement politique des Français selon eux-mêmes datant de mai 2016, 12% des Français se disaient du Centre contre 20% qui se disaient à gauche et à droite, 5% «très à gauche» et 8% «très à gauche». 35% des sondés affirmaient, en outre, être «ni de gauche, ni de droite». Cette enquête d'opinion a été réalisée juste un an avant qu'Emmanuel Macron remporte la présidentielle de 2017.

Au niveau électoral, les partis centristes représentaient alors moins de 10% des voix et on estimait que le potentiel électoral du Centre tournait autour de 15% et pouvait monter à 20%, ce qui n'en faisait évidemment pas alors un courant dominant électoralement parlant. Les lignes ont depuis quelque peu bougé.

Ainsi, selon un sondage réalisé courant 2017, après la victoire de Macron à la présidentielle puis de son mouvement La république en marche (LREM) aux législatives, 54% des Français estimaient que l'exécutif (Président de la république et son gouvernement) était positionné au centre. Voilà qui est une formidable victoire pour le Centre et le Centrisme, un peu moins pour les partis centristes traditionnels. Mais cela ne fait que confirmer les sondages qui montraient que les Français étaient majoritaires à se positionner sur un axe central (humanisme progressiste de droite, de gauche et du Centre) et qu'ils souhaitaient des mesures et une gouvernance centristes sans pour autant le signifier de manière explicite tellement leur vision du Centre portée par les médias était brouillée même si quelques personnalités centristes obtenaient de bons scores dans les baromètres de popularité mais, sans doute, parce qu'elles n'étaient pas au pouvoir et ne risquaient pas de l'être.... D'autre part, cela montre le bouleversement apporté au paysage politique français par Emmanuel Macron.

A noter que dans le sondage de 2016, on apprenait que chez les centristes, la valeur la plus importante est la liberté. Pour 71% d'entre eux, elle est «tout à fait essentielle» devant la justice (69%), la famille (67%) et le travail (65%).

L'égalité vient ensuite mais avec seulement 54% des centristes qui la jugent «tout à fait essentielle» à égalité avec l'intégrité. Viennent ensuite, dans l'ordre décroissant, la tolérance, la nation, la solidarité, le mérite et l'autorité ex-æquo, l'écologie qui ferme la marche.

Par comparaison, chez les sympathisants de droite le classement a été le suivant: liberté et famille ex-æquo, travail, justice, intégrité, mérite, nation, égalité, autorité, tolérance, solidarité, écologie. Pour les sympathisants de gauche, le classement est: liberté, justice et égalité ex-æquo, tolérance, solidarité, intégrité, famille, travail, écologie, mérite et nation ex-æquo, autorité. Quant à ceux qui ont affirmé qu'ils n'étaient «ni de gauche, ni de droite», leur classement est: liberté, justice et famille ex-æquo, travail, égalité, intégrité et solidarité ex-æquo, tolérance, mérite, nation, autorité, écologique. Ce qui donne, pour l'ensemble des Français: liberté, justice, famille, travail, égalité, intégrité, tolérance, solidarité, mérite, nation, autorité, écologie.

Mais si l'élection présidentielle du 7 mai et les élections législatives des 11 et 18 juin ont vu une victoire pour le moins inattendu du Centre et du Centrisme, il n'est pas évident qu'il s'est agi aussi d'une victoire des centristes. Pourtant, les chiffres semblent parler d'eux-mêmes. Avant les élections, il y avait 29 députés centristes, tous de l'UDI, quelques résidus de centristes élus à LR (Les républicains, parti de droite) et aucun ministre. Après les élections, on trouve 370 députés appartenant à des partis «centristes», plusieurs ministres et… un Président de la république. Ce sera sans doute difficile de faire mieux. Néanmoins, les situations des diverses organisations centristes sont contrastées.

Le Mouvement démocrate ressuscite

(Avant les élections présidentielle et législatives de 2017: 0 député, 0 ministre/secrétaire d'Etat / Après: 42 députés, 2 ministres/secrétaire d'Etat)

Le MoDem a vécu un double-paradoxe où, en voie d'extinction, il s'est vu ensuite sur le toit du monde avant de redescendre, proche désormais des enfers avec son poids politique en question. Moribond, avec un candidat virtuel à la présidentielle qui ne dépassait pas les 6% d'intentions de vote, sans aucun député et dans des difficultés financières inextricables, le Mouvement démocrate a joué en début d'année 2017 sa dernière carte avec un succès inespéré. Après la défaite à la primaire de LR d'Alain Juppé qu'il avait soutenu tout en le mettant souvent en difficultés par ses propos (souvent exprès) et voyant qu'il ne pourrait pas être élu à l'Elysée ce qui pourrait le faire sortir de la politique (et de l'Histoire…) par la petite porte, François Bayrou, le président de la formation centriste a décidé de s'allier avec Emmanuel Macron. De cette façon, il espérait sauver sa peau politique (et du même coup son avenir) et celle de son parti qu'il avait pourtant si malmené depuis sa création du fait de ses ambitions présidentielles qui primaient sur le développement de ce dernier.

Et, dans un premier temps, cela a été un succès que peu aurait pu prévoir. Non seulement, Emmanuel Macron était élu mais le Mouvement démocrate pouvait faire élire une quarantaine de députés et installer deux de ses membres au gouvernement dans des ministères importants (la Justice et les Affaires européennes), même s'il a espéré en avoir plus. Mais, comme d'habitude, François Bayrou, nommé ministre d'Etat et numéro trois de gouvernement, en a trop fait. Son hubris démesurée l'a amené à se croire l'égal du nouveau président de la république et qu'il allait pouvoir être une sorte de co-président, voire de vice-président à défaut d'avoir été nommé premier ministre. Quand il a vu que ce ne serait pas le cas, il a bombé le torse jusqu'à ce que l'affaire des attachés parlementaires européens du Mo-Dem (en fait des collaborateurs du parti ne travaillant pas ou peu pour ses députés européens) le rattrape et sorte à un moment où il semblait devenir incontournable.

Ce qui est frappant dans cette affaire, c'est qu'il n'y a aucune preuve de l'incrimination de Bayrou (novembre 2017). Mais l'homme a tellement accumulé d'ennemis et de haines dans le monde politico-médiatique ces dernières années – ce qu'il a été incapable de voir – qu'il a été emporté par une tourmente qui, au-delà de son cas personnel, pose bien des questions sur le fonctionnement de la démocratie et de la présomption d'innocence. Toujours est-il que de ressuscité, le Mouvement démocrate pourrait, malgré ses députés, ne pas se relever de cet épisode où son chef, seule incarnation de son existence par sa propre volonté, risque sa carrière politique.

L'UDI évite le pire mais se retrouve en déshérence idéologique

(Avant les élections présidentielle et législatives de 2017: 28 députés, 0 ministre/secrétaire d'Etat / Après: 18 députés, 0 ministre/secrétaire d'Etat)

L'UDI peut être satisfaite, elle a réussi à garder 18 députés quand des projections lui en donnaient 10. Sauf qu'elle en avait 29 dans la précédente assemblée et que les erreurs politiques et stratégiques ont décrédibilisé un parti qui n'avait déjà pas bonne presse dans l'opinion et qui apparait aujourd'hui comme un cartel d'opportunistes à la recherche d'une identité quelconque si cela lui rapporte et prêt à toutes les compromissions pour obtenir une visibilité médiatique.

Les déclarations de son président, Jean-Christophe Lagarde depuis les élections de 2017, où il se dit, à la fois, dans l'opposition, mais aussi dans le soutien à Emmanuel Macron sont les derniers développements d'un comportement totalement erratique de celui qui a été capable en quelques mois d'affirmer que l'UDI aurait un candidat à la présidentielle (et de se faire élire président de l'UDI sur cette promesse), puis qu'elle n'en aurait pas puis qu'elle pourrait soutenir Emmanuel Macron puis qu'il n'était pas question qu'elle puisse soutenir le même Macron puis qu'elle soutenait Alain Juppé puis qu'elle aurait un candidat si Jean-Louis Borloo se présentait puis qu'elle soutenait François Fillon puis qu'elle ne soutenait plus François Fillon puis qu'elle aurait un candidat si Borloo voulait bien se présenter puis qu'elle soutenait François Fillon. Le tout dans un vide de projet et de programme d'une confédération où les haines sont plus nombreuses que les amitiés.

Aujourd'hui (novembre 2017), rien ne dit que l'UDI existera dans un futur proche. Elle pourrait se déliter ou se fondre dans un parti se centre-droit et de droite modérée pour se placer entre La république en marche et Les républicains.

L'Alliance centriste toujours aussi groupusculaire

(Avant les élections présidentielle et législatives de 2017: 3 députés, 0 ministre/secrétaire d'Etat / Après: 1 député, 0 ministre/secrétaire d'Etat)

L'Alliance centriste aurait pu espérer un meilleur traitement avec le ralliement très rapide de son ancien président et fondateur, Jean Arthuis, à Emmanuel Macron puis celui de la formation centriste qui, dans la foulée, s'est fait exclure de l'UDI. Son président, Philippe Folliot, peut estimer que le bilan est bien mitigé. Il faut dire que l'Alliance centriste ne représente pas grand-chose et ne pouvait sans doute pas espérer beaucoup mieux pour ces ralliements. Sauf que le soutien indéfectible d'Arthuis à Macron a montré aux autres centristes la voie à suivre et, de ce point de vue, a été important. D'où certainement une certaine amertume de ce même Arthuis.

La République en marche (En marche!)

(Avant les élections présidentielle et législatives de 2017: 0 député, 0 ministre/secrétaire d'Etat / Après: 308 députés, 8 ministre/secrétaire d'Etat)

La République en marche (LREM anciennement En marche!) est un mouvement hybride. Positionné au Centre, il n'est pourtant pas composé uniquement de centristes, loin s'en faut. Sa victoire éclatante est une première dans la politique pour un parti fondé un an auparavant. Reste maintenant à prouver qu'il peut être un parti de gouvernement, ce qui n'est pas gagné d'avance. En revanche, s'il y réussit tout en gardant son orientation actuelle, alors il pourra être, avec Emmanuel Macron, le symbole de ce nouveau centriste du XXI° siècle que l'on attendait en France et que l'on avait vu à l'œuvre avec Barack Obama aux Etats-Unis, sauf que ce dernier n'avait pas eu dans le Parti démocrate, une LREM américaine dévouée à son entière ambition politique.

Les premiers mois du gouvernement et de la nouvelle législature ont montré parfois des flottements et un manque de leadership qui devrait être réglé fin 2017 et début 2018.

Un petit mot sur les «centristes» de LR qui sont les grands perdants avec l'UDI de cet épisode électoral. Mais en y regardant de plus près, on s'aperçoit que la plupart d'entre eux n'était plus centriste depuis longtemps.

Il y a d'autres questions qui se posent après cet épisode électoral de 2017 qui a bouleversé le paysage politique français et le paysage centriste. Il en est, ainsi, des relations des centristes qui sont au pouvoir. On a vu que celles qui se sont établies entre La république en marche et le Mouvement démocrate ne sont pas excellentes. Les pressions de Bayrou sur le président de la république et son parti, ses impairs et ses déclarations où il se posait en père de la victoire ont plus qu'énervé les leaders macronistes. De l'autre côté, le président du MoDem a peu d'estime pour ceux-ci. S'il n'est pas (encore) question de différends politiques qui remettraient en cause l'alliance entre les deux formations, rien ne dit que cela sera le cas dans six mois, un an, avant ou après, tellement Bayrou est imprévisible.

Mais les relations sont exécrables dès à présent entre les personnalités centristes qui ont soutenu et rejoint Macron. Ne parlons même pas des relations entre Corinne Lepage qui est à l'origine des problèmes politico-judiciaires de Bayrou et du MoDem – elle n'avait pas accepté les rodomontades du président du MoDem à propos des investitures aux législatives sans oublier un ressentiment du temps où elle faisait partie de ses proches – qui laissent augurer une atmosphère pour le moins tendue entre eux. Il y a aussi, pour les mêmes raisons, un casus belli entre Jean Arthuis, aussi un ancien proche, et le même Bayrou qui a tout fait pour empêcher les candidats soutenus par l'ancien président de l'Alliance centriste de se présenter et de mettre ses créatures à leur place. Le tweet qu'Arthuis a envoyé après le deuxième tour des législatives résume à lui seul l'état des relations entre les deux hommes: «La République en Marche dispose d'une majorité à l'Assemblée, sans le MoDem. Maintenant au travail»!

Et puis il y a les anciens UDI qui n'ont pas été très bien servis et qui n'ont aucune sympathie pour le Mouvement démocrate et ses dirigeants. On compte ici également l'Alliance centriste qui, en tant que parti politique, a également rejoint les rangs de la macronie en quittant l'UDI. Plus quelques personnalités, dont Jean-Louis Borloo ou Jean-Paul Delevoye, qui l'ont fait titre personnel. Tout ce petit monde sera difficile à gérer et à faire travailler ensemble jusqu'en 2022 voire au-delà.

Et, avec le temps, comme d'habitude en politique, les fortes et irréductibles inimitiés entre membres d'une même coalition se transformeront en conflits plus ou moins ouverts. De ce point de vue, Macron aura certainement du pain sur la planche.

L'autre question essentielle est de savoir si les centristes ralliés ne vont pas être absorbés petit à petit dans La République en marche. Si le Mouvement démocrate a gardé son indépendance, il n'a obtenu des députés que parce qu'il présentait ses candidats sous la bannière du mouvement politique d'Emmanuel Macron. D'un certain côté, cette intégration serait normale et, sans doute, plus rationnelle. Mais pour être légitime, il faudra que LREM démontre dans le temps que son caractère centriste n'était pas de circonstance.

Pour conclure, le Centre connait une période faste mais qui devrait également aboutir à une recomposition de l'espace centriste où, s'il y aura des gagnants, il y aura aussi des perdants.

Chapitre 2
Le «macronisme» est un Centrisme

Emmanuel Macron, le président de la république française élu le 7 mai 2017 pour cinq ans, a depuis deux ans, avant même sa candidature à l'Elysée, beaucoup défini ses valeurs, ses principes, ses idées, son programme et ses propositions de réforme. En outre, il a déjà pris de nombreuses mesures concrètes depuis son accession au pouvoir (notamment en matière de droit du travail, de fiscalité, de politique étrangère, d'Europe, de sécurité, etc.). On peut donc étudier ce qu'est le «macronisme», cette philosophie politique portée par son projet et ses objectifs programmatiques. L'analyse de chaque discours, chaque interview d'Emmanuel Macron et chaque publication de textes par En marche! (désormais La République en marche), permet de se rendre compte que la démarche du nouveau président de la république et de son mouvement se fait sur la base d'un corpus solide et cohérent, loin d'un bric-à-brac d'idées piochées ici ou là ou, simplement, d'une revendication d'être le représentant d'une idéologie déjà connue et institutionnalisée (comme François Hollande pouvait se dire socialiste et de gauche ou Nicolas Sarkozy, gaulliste et de droite). De même, la plupart des mesures prises depuis que son gouvernement a été mis en place procèdent de ce corpus.

Emmanuel Macron, depuis le premier jour, se présente comme un social-libéral venu de la Gauche mais qui se veut «ni droite, ni gauche» et «en même temps» de gauche et de droite, dans la pure tradition centriste tout en souhaitant casser les anciens clivages idéologiques avec une opposition entre un pôle progressiste (sociétés ouverte) face à un pôle conservateur (société fermée), le tout dans une démarche réformiste mais aussi de refondation politique qui passe par un rassemblement large autour de son programme et avec un processus de renouvellement du personnel politique dans le cadre d'une limitation du nombre des mandats électifs dans le temps.

A l'aune de cette courte définition issue de ses propos, le projet politique d'Emmanuel Macron peut être ainsi qualifié de centriste et même de Centrisme ou, tout au moins, de dérivé du Centrisme. Point important: Emmanuel Macron n'a jamais voulu définir sa politique et lui-même de «centriste». Sans doute par peur de se faire enfermer par ses adversaires dans une case alors même que sa campagne électorale affirmait vouloir casser les anciennes dénominations politiques (ce qui est évidemment plus une posture qu'une réalité).

En revanche, il s'est défini par les mots «libéral», «social-libéral», «venu de la Gauche», «progressiste». Ce dernier terme a pris de plus en plus d'importance plus sa campagne électorale avançait et il l'a gardé comme celui qui le définit le mieux depuis son élection. En outre, il a souvent fait référence au gaullisme sans pour autant s'en revendiquer, non plus, mais pour poser des similitudes entre sa démarche et celle du Général de Gaulle.

Sa volonté d'obtenir un soutien explicite de l'ancien président des Etats-Unis, Barack Obama (2009-2016) est aussi la preuve qu'il voulait se mettre dans les pas de la démarche politique qui a permis à celui-ci de gagner la présidentielle américaine de 2008 sur des slogans assez forts comme le fameux «Yes we can» (Oui, nous le pouvons) ou «Change we can believe in» (Le changement dans lequel nous pouvons croire). Sans oublier le «Forward» (En avant) de sa campagne de réélection en 2012 qui rappelle, à s'y méprendre un certain «En marche!»...

Un Obama qui s'est toujours revendiqué du Centre.

Enfin, évoquons juste ici, sans rentrer dans les détails, les références philosophiques de la pensée d'Emmanuel Macron dont certaines que l'on trouve un peu partout dans les médias: Friedrich Hegel (lien entre la réalisation des intérêts particuliers – individu – et une fin universelle qui se réalise dans l'Etat); John Rawls (égalité des chances); John Stuart Mill (social-libéralisme); Alexis de Tocqueville (liberté et anti-égalitarisme). Mais, face à l'étude de son projet, on pourrait rajouter William James et John Dewey (pragmatisme), Josiah Royce (idéalisme pratique), Condorcet, Auguste Comte et Henry George (progressisme) ou Reinhold Niebuhr (consensus et égales opportunités), le philosophe dont Barack Obama disait qu'il était son «favori». Surtout, il faut citer Paul Ricœur (qui aurait notamment inspiré son «en même temps») qui est désormais présenté comme «la» référence pour comprendre la pensée d'Emmanuel Macron d'autant que ce dernier affirme que c'est lui qui l'a incité à faire de la politique. L'humanisme chrétien et la recherche du «juste» de Ricœur qui sont très centro-compatibles…

La première plaquette qu'En marche a diffusée contenait plusieurs propositions qui étaient autant d'explications de texte sur le positionnement de son fondateur. «Nous croyons au progrès face à tous les conservatismes, était-il écrit. Nous croyons que le temps n'est pas aux petits ajustements mais à l'innovation radicale. Nous croyons en l'émancipation de tous. Nous croyons que le destin de l'Europe et celui de la France sont indissociables. Nous croyons en notre capacité à agir ensemble».

Démocratie républicaine
«Pensons à trois mots qui seront notre avenir, parce que nous allons leur redonner leur sens: liberté, égalité, fraternité. Ces mots, ce sont les nôtres. Ce seront les mots de notre engagement», explique Emmanuel Macron. Au cours d'une interview pendant la campagne présidentielle, il a par ailleurs estimé que «notre bien commun à tous, c'est la démocratie». Dès lors, le macronisme est bien une philosophie politique qui s'inscrit totalement dans le cadre de la démocratie républicaine libérale représentative et participative comme l'est le Centrisme.

Social-libéralisme
Pour Emmanuel Macron, le libéralisme est la base de sa politique parce qu'elle est la base de la liberté individuelle, de la liberté de construire son projet de vie et de le réussir. C'est aussi le meilleur moyen de créer de la richesse et de l'emploi. Pour lui, on ne peut redistribuer que ce que l'on a créé et la liberté d'entreprendre permet une meilleure redistribution car elle crée plus de richesse. Néanmoins, il y accole la dimension

solidaire avec une protection sociale indispensable pour les plus faibles mais également pour permettre à ceux qui veulent entreprendre et prendre des risques, notamment dans le travail, d'avoir des droits à l'erreur ou à l'échec. Son social-libéralisme est en outre beaucoup plus proche du libéralisme social du Centre que de la social-démocratie, voire même que du social-réformisme de l'aile droite des socialistes ou encore du gaullo-réformisme.

Progressisme
Si l'on veut vraiment tenter de cerner très exactement le positionnement d'Emmanuel Macron, il est sans doute plus juste de le présenter comme un progressiste. Progressiste à la mode d'un Theodore Roosevelt lorsqu'il se présente à la présidentielle de 1912 aux Etats-Unis sous cette étiquette ou à celle d'un Pierre Mendès-France lorsqu'il se retrouve Président du Conseil sous la IV° République. De ce point de vue, on ne peut le comparer à un Valéry Giscard d'Estaing parce que ce dernier était un homme de droite, qui serait aujourd'hui dans l'espace central et qui aurait sa place dans l'axe central mais qui n'était pas centro-compatible comme l'est Macron (et qui n'était pas non plus centriste).

Le progressisme macronien, se nourrit fortement de Centrisme lorsqu'il déclare que nous sommes «égaux devant la liberté» et que «nous devons nous battre pour réconcilier deux valeurs que nous avons trop souvent opposées, que la droite et la gauche ont respectivement monopolisées, alors que la devise de notre pays les place sur le même plan: la liberté et l'égalité». Et s'il faut «réunir la liberté et l'égalité», c'est «pour une société plus efficace et plus juste».

L'influence centriste se fait encore particulièrement prégnante quand il est affirmé que «notre pays est le champion des blocages, qui empêchent trop souvent l'émancipation de chacun». De même, en matière d'ouverture vers le monde. Pour Emmanuel Macron, «les progressistes doivent se battre et rappeler que la mondialisation sans règle, sans protection et sans redistribution est insupportable, mais aussi que, sans intégration à l'économie mondiale et sans modernisation de notre économie, notre pays serait condamné à la stagnation et au déclin».

Tout cela amène à la transformation de la société qu'il souhaite initier: «Passer d'une société des statuts à celle des sécurités individuelles, dans laquelle on protège les individus, pas les postes. Passer d'une économie de rattrapage à une économie de l'innovation, déconcentrée, plus horizontale, plus agile et plus inventive. Passer d'un modèle centralisé de décisions unilatérales à un modèle plus équilibré qui s'appuie sur la vitalité de la société dans tous les territoires et permet à chacun de s'engager. Passer d'un pays inégalitaire à une société juste en répondant à l'envie de chacun de pouvoir faire ses choix, et à la nécessité d'être solidaires, en particulier envers les plus faibles». Emmanuel Macron estime que ces changements prendront dix ans et que l'énergie existe en France pour y parvenir.

«Et en même temps»
Le «en même temps» est au centre de la réflexion politique d'Emmanuel Macron où, face aux clientélismes de droite et de gauche qui critiquent systématiquement ce que fait l'autre bord, son positionnement, qu'il partage avec le Centre et les centristes, n'est pas binaire entre ce qui est bien parce que cela vient d'un côté et ce qui est mal parce que cela vient de l'autre. De plus, le monde n'est pas aussi simpliste que le prétendent les idéologues de droite et de gauche, ce qui signifie que l'on peut être d'accord avec des propos et des mesures proposées, venus de tous les bords s'ils reflètent la réalité de la situation et apportent les bonne solutions. Oui, a-t-il précisé, il faut prendre ce qu'il y a de meilleur partout sans se poser la question si cela est une mesure venue de la Droite, de la Gauche et du Centre.

Voici son explication de texte qui rappelle pourquoi tant de centristes mais aussi de réformistes de droite et de gauche l'ont rejoint. «'En même temps' signifie simplement que l'on prend en compte des impératifs qui paraissaient opposés mais dont la conciliation est indispensable au bon fonctionnement d'une société. Oui, je choisis la liberté et l'égalité, oui, je choisis la croissance et la solidarité, oui, je choisis l'entreprise et les salariés, oui, je choisis, comme le général de Gaulle, le meilleur de la Gauche et le meilleur de la Droite, et même le meilleur du Centre. Oui, je choisis l'amour de notre Histoire et l'ambition du changement, oui, je choisis la France forte et l'Europe ambitieuse. Oui je choisis en même temps les racines et les ailes parce que la grandeur de la politique, c'est l'art de respecter les différences, de concilier les aspirations, de fédérer les valeurs et de réunir les hommes».

Ni Droite, ni Gauche
Le «ni, ni», ni Droite, ni Gauche, est un positionnement éminemment centriste et non un «ailleurs» nouveau, fascinant, voire mystérieux. Il veut dire que le positionnement d'Emmanuel Macron n'est ni à droite, ni à gauche, c'est-à-dire qu'il est profondément centriste en ce que le Centrisme n'est ni à droite, ni à gauche mais un humanisme du juste équilibre qui se définit par lui-même et non par rapport à la Droite et à la Gauche. C'est donc une politique qui ne prend pas un bout de gauche et un bout de droite.

Et droite, et gauche
En disant que sa politique sera aussi et de droite et de gauche, il signifie ici que toute bonne idée de droite doit être retenue, comme toute bonne idée de gauche, sans ostracisme, sans idéologie sectaire, sans exclusion partisane, sans clienté-

lisme ridicule qui se fait sur le dos du pays et des citoyens. «Et droite, et gauche», cela signifie ainsi que l'on peut réunir autour d'un projet progressiste, et les sympathisants de droite, et les sympathisants de gauche, d'autant que «ni droite, ni gauche» n'est pas une posture qui rejette les bonnes idées venues de la Droite et de la Gauche.

Post-partisan

Emmanuel Macron est un post-partisan (c'est-à-dire un défenseur des rapprochements qui se font sur des projets et des mesures plus que sur des idéologies partisanes) comme un Barack Obama en 2008, lors de son accession à la Maison blanche, proche de la Troisième voie incarnée par Bill Clinton ou Tony Blair qui savaient que le progrès social ne pouvait passer que par le progrès économique (on ne peut redistribuer que ce que l'on a), voire comme un François Bayrou en 2012 et son idée d'unité nationale ouverte à tous les démocrates même si celle-ci ressemblait plus à la coalition entre les chrétiens démocrates et les sociaux-démocrates allemands. Emmanuel Macron pourrait même être une sorte d'héritier, voire de fils spirituel, de Barack Obama en la matière.

Ainsi, là où l'ancien président des Etats-Unis a échoué à mettre en place cette ère post-partisane qu'il appelait de ses vœux lors de sa campagne de 2008, le nouveau président de la république française pourrait bien y réussir. La raison principale est qu'Obama n'était pas maître du calendrier électoral et législatif alors que c'est le cas de Macron, surtout que les élections législatives viennent juste après les élections présidentielles et non en même temps comme pour Obama. Dès lors, il est fort possible que l'Assemblée nationale ressemble beaucoup plus à ce que souhaite Macron que la Chambre des représentants n'étaient à l'image de ce qu'Obama espérait, même si, à son arrivée à la Maison blanche, les deux chambres du Congrès étaient contrôlées par les démocrates…

Néanmoins, Obama voulait absolument que les républicains et démocrates progressistes et réformistes coopèrent ensemble pour mettre en place tout un programme très ambitieux dont la loi sur l'assurance-santé et celle sur les banques n'étaient qu'une petite partie de celui-ci. Il voulait également que le plan de sauvetage de l'économie américaine ainsi qu'un plan gigantesque de remise à niveau des infrastructures américaines dans tous les domaines soient portés par les démocrates et les républicains. Malheureusement, cela n'a pas été possible puisque, dès le début de son mandat, les républicains de la droite radicale fermèrent la porte, pratiquèrent une opposition systématique, accueillirent le mouvement d'extrême-droite Tea Party, réunion d'haineux d'Obama, en son sein et déclarèrent que leur but était de faire de celui-ci un «one-term president» (un président d'un seul mandat). Car ils savaient que s'il réussissait, ce serait leur disparition.

Et, lorsqu'ils récupérèrent, en 2010, la majorité à la Chambre des représentants, ils mirent en place concrètement leur stratégie de la terre brûlée qui a tant coûté aux Etats-Unis. Emmanuel Macron n'aura sans doute pas ce handicap pendant les cinq ans de son (premier) mandat puisqu'il est parvenu à obtenir une majorité absolue à l'Assemblée nationale lors des législatives. Mais cette politique post-partisane qu'il a déjà évoqué sous d'autres vocables doit être mise en place dès son accession au pouvoir et sur des objectifs clairs. Pour l'instant (novembre 2017), le bilan est mitigé.

De plus – et c'est ce que certains ont reproché à Obama qui était, comme Macron, un novice en politique –l'ancien président américain a très peu discuté et négocié avec les élus républicains, ce qui l'a empêché d'en séduire une partie. De ce point de vue, Emmanuel Macron qui souhaite le renouvellement de la politique ainsi que des élus, notamment à l'Assemblée nationale, ne devra pas tomber dans une sorte d'hubris qui lui mettrait à dos tous ceux qui sont prêts à travailler avec lui autour de son programme mais aussi ceux qui sont prêts à soutenir seulement certains aspects de celui-ci.

Rappelons qu'une politique post-partisane est celle qui transcende les postures partisanes et idéologiques dans une transversalité qui permet de réunir des majorités conjoncturelles sur des projets et des mesures précises. Ainsi, il se peut très bien, que dans ce cadre, une majorité qui se dégage pour telle projet de loi soit très différente de celle qui se dégage pour le projet de loi suivant. L'ère post-partisane fait ainsi appel au consensus, à l'esprit de compromis mais également à celui de responsabilité et de détermination individuelles des élus et non plus à une logique de blocs contre blocs.

C'est pourquoi elle peut être vue comme la mort d'une manière de faire de la politique – «à l'ancienne» – mais aussi, de manière beaucoup moins positive, dans une déstructuration des différents courants de pensées politiques, donc de créer un absence de repères qui, dans une démocratie républicaine, structurent les essentiels choix entre des projets politiques alternatifs. Quoi qu'il en soit, cette politique post-partisane a pu exister sur des mesures ponctuelles ou sur des périodes très courtes. Tout le pari d'Emmanuel Macron sera, comme le voulait Barack Obama, d'en faire une manière de gouverner.

Opportunités contre égalitarisme
«J'ai toujours dit que je venais de la Gauche, c'est ma famille politique, je viens d'une famille de gauche. Je ne crois pas à la gauche de l'égalita-

risme, je crois à la gauche de l'égalité des chances». L'égalité selon Emmanuel Macron, c'est celle des «opportunités» dans le droit fil du Centrisme, celle que propose une méritocratie.

Individualisme responsable
La philosophe politique d'Emmanuel Macron se base sur l'individualisme responsable et non sur un holisme qui étoufferait l'individu, ses capacités, ses intérêts et sa réussite personnelle. Le vivre ensemble communautaire est ici tributaire du vivre bien individuel (la réalisation de soi et de son intérêt personnel) de chacun. C'est l'individu d'abord, membre ensuite d'une communauté à laquelle il doit rendre des comptes par sa responsabilité et sa solidarité mais dont il s'émancipe par sa liberté d'être et de faire. C'est pourquoi il insiste particulièrement sur le droit de chacun à réaliser son projet de vie.

Découlant de son individualisme, le macronisme est ainsi le droit imprescriptible de chacun de réaliser son propre projet de vie dans le respect des projets de vie des autres. Mais ce droit permettra aussi à la société de progresser car cela créera des richesses et permettra donc une plus grande redistribution. De même la libération des initiatives individuelles créera de l'activité qui, à sont tour, créera de l'emploi La liberté d'entreprendre est, dans ce cadre de l'accomplissement individuel, une des clés de la vision économique d'Emmanuel Macron. En cela il est un vrai libéral.

Européanisme
L'Union européenne est au cœur du macronisme qui se veut également un défenseur d'une mondialisation humaniste. Pour le nouveau président, la France ne pourra réussir que dans l'Union européenne renouvelée, refondée et renforcée. En européen convaincu, il veut un approfondissement de l'Union européenne. «Je suis un Européen cohérent. Si l'on avance plus depuis douze ans, depuis le non au traité européen, c'est parce que depuis, nous ne proposons plus rien pour l'Europe». Ce dont on a besoin dans la mondialisation, explique-t-il «ce n'est pas moins d'Europe mais c'est une vraie Europe qui sait se défendre».

Rappelons son programme en la matière:
- Lancement dans toute l'Union européenne de conventions démocratiques, pour construire un projet politique commun ensuite soumis à la validation de tous les États membres.
- Possibilité pour les États membres qui le souhaitent d'aller plus loin dans la convergence fiscale, sociale et énergétique.
- Examen des demandes d'asile au plus près des conflits, dans les consulats des pays limitrophes.
- Sortir les investissements d'avenir des critères de Maastricht.
- Mise en place d'un plan d'investissement européen beaucoup plus puissant que le plan Juncker.

- Création d'un ministre des Finances de la zone euro.

Atlantisme démocratique
En matière de politique étrangère, la lutte contre les régimes autoritaires et les groupes terroristes est la priorité. Une priorité qui se fait selon Emmanuel Macron dans une alliance atlantique renforcée. Il a rappelé, lors du sommet du G7 en Sicile, à Taormina, les 26 et 27 mai 2017, que ce qui unissait les pays membres de ce groupe étaient leur défense de la démocratie et de ses valeurs et que cela justifiait amplement son existence dans un monde violent.

Refondation de la politique: rassemblement et renouvellement
Rassembler autant que possible et renouveler le plus possible pour refonder la politique et permettre la réconciliation de la France autour de ses gouvernants, telle est la tâche essentielle que s'est donné Emmanuel Macron. Ce diptyque rassemblement-renouvellement trouve son articulation avec le renouvellement qui doit être à la base du rassemblement et non le contraire, surtout que ce renouvellement doit s'incarner prioritairement à l'Assemblée nationale.

Quant au rassemblement, il s'incarne, lui, dans la personnalité du premier ministre choisi en 2017, en l'occurrence Edouard Philippe qui vient de la formation de droite, Les républicains. Pour ce qui est du gouvernement, c'est, à la fois, le rassemblement et le renouvellement comme sa composition le démontre. Dès lors, la narration est bien que ce sont les nouvelles têtes et les nouvelles pratiques qui permettront de réconcilier la France et donc de permettre le rassemblement avec un premier ministre qui a le profil adéquat pour le traduire en termes politiques.

Humanisme
Durant toute la campagne présidentielle de 2017, Emmanuel Macron a porté un discours humaniste et équilibré, celui que l'on n'a plus l'habitude d'entendre en ces temps où l'exagération et la confrontation sont les ingrédients favoris du débat politique. D'ailleurs, d'aucuns prédisaient au candidat d'En marche! un crash monumental parce qu'il n'avait rien compris au désenchantement des Français, à la colère du peuple, au pessimisme ambiant, au chacun pour soi ainsi qu'à la défiance générale envers la démocratie républicaine. Pourtant, ce sont des propos d'espoir et volontaristes où les valeurs du vivre ensemble ont été mises en avant tout autant que celles de la réalisation de soi, où chacun peut développer son projet de vie en résonnance avec ceux des autres qu'il lui ont permis de remporter la présidentielle.

Ce discours humaniste et équilibré est porté depuis longtemps par le Centre mais aussi, aujourd'hui, par une frange de la Droite et une frange de la Gauche qui sont pour une société ouverte sur le monde, sur le futur et sur l'individu comme moteur essentiel d'une société harmonieuse. C'est la raison pour laquelle les centristes n'ont eu aucun mal à trouver des accointances profondes avec le projet et le programme politiques d'Emmanuel Macron.

Cet humanisme et cet équilibre portés par le candidat d'En marche! est mis en œuvre pour réconcilier la France, ce qui est une nécessité absolue depuis des années et que seul le Centrisme proposait jusqu'à présent. Ce discours a toujours rencontré un grand intérêt chez les Français, tous les sondages le montrent depuis des années. Mais cela ne se traduisait pas ou peu dans les résultats électoraux sauf en 2007 avec le score de François Bayrou à la présidentielle. Ce qui est intéressant en l'espèce est de constater que grâce à Emmanuel Macron, les Français ont trouvé celui qui pouvait le porter au pouvoir. Car ce que Macron leur a démontré depuis 2016 puis lors de la campagne présidentielle, c'est que ce discours à un fond et même une profondeur de plus que les discours des autres courants politiques et des autres candidats qui sont clientélistes ainsi que clivants et non rassembleurs et parlant à tous.

Mais ce qu'a démontré également Emmanuel Macron et qui lui a sans doute permis de devenir désormais la personnalité centrale à tout point de vue de la politique française, c'est que ce discours n'est pas à l'eau de rose et d'un unanimisme gentil comme on a pu souvent l'entendre dans la bouche d'un Français Bayrou (président du Mouvement démocrate) qui a toujours cherché un consensus mou, ni agressif et rentre-dedans comme on l'a trop souvent entendu de la part d'un Jean-Christophe Lagarde (président de la formation centriste UDI) et qui veux singer les partis clientélistes au risque de faire perdre au Centre sa particularité. De ce point de vue, il est plus proche de celui d'un Jean-Louis Borloo (fondateur de l'UDI) mais pas de la démarche de ce dernier qui est demeuré trop accolé à la Droite.

C'est un discours dynamique, courageux, ferme, qui résiste sans peine à toutes les attaques, notamment de la part des populistes et des démagogues comme on a pu le voir lors du débat de l'entre-deux tour face à Marine Le Pen, la candidate d'extrême-droite. Emmanuel Macron offre ainsi à la France une chance de sortir par le haut de ses problèmes et de sa morosité. C'est évidemment un challenge extrêmement fort qui, pour réussir, doit mobiliser l'ensemble de la société. Ce défi est à la hauteur des dangers internes et externes qui menacent la France comme les autres pays démocratiques dans cette deuxième décennie du XXI° siècle.

Macron, facteur de bouleversement du Centre

L'élection d'Emmanuel Macron comme Président de la république a donné un souffle encore impensable quelques mois auparavant au Centre. Celle-ci est en train de complètement remodeler le paysage centriste.

Au niveau de la définition et de la pratique du Centre

Emmanuel Macron, c'est une évidence, n'a pas inventé le Centre mais il a mis au grand jour ce que pourrait être un Centrisme du XXI° siècle. En renouvelant le discours politique tout en revenant aux fondamentaux du fonctionnement d'une démocratie républicaine, il s'est très fortement positionné dans l'espace central et comme moteur principal de l'axe central (réunissant humanistes progressistes et réformistes de droite, de gauche et du Centre) qui était, jusqu'à son élection, en devenir. Partisan d'une société ouverte où c'est l'initiative individuelle qui permet les avancées économiques, celles-ci devant profiter ensuite à tous grâce à un solidarisme piloté par la communauté nationale, son progressisme pourrait bien changer la société en profondeur s'il réussit et dans une voie centriste du juste équilibre. Quoi qu'il en soit, il a déjà bouleversé le débat politique en plaçant la problématique centriste au centre de celui-ci, ce qui n'était pas arrivé depuis longtemps, sans doute du temps de Valéry Giscard d'Estaing.

Au niveau des organisations politiques qui représentent ou affirment représenter le Centre et le Centrisme.

Création de LREM
La République en marche, n'en déplaise à ses dirigeants, est essentiellement une formation centriste qui défend l'agenda du président de la république. Bien entendu, la diversité des parcours et des convictions politiques lui donnent un petit air d'«ailleurs» mais jusqu'à preuve du contraire, notamment dans ses futurs votes au Parlement et, dans les années qui viennent, dans sa gestion des collectivités locales, LREM se situe au Centre. Voilà qui est déjà un bouleversement majeur de l'espace centriste puisqu'en quelques mois d'existence, c'est déjà le premier groupe à l'Assemblée nationale avec une majorité absolue ce que l'UDF n'avait jamais réussi à faire même lors de ses plus belles années.

Résurrection du MoDem
L'élection d'Emmanuel Macron a tellement revitalisé le Mouvement démocrate, que le parti de François Bayrou est passé devant celui de ses anciens amis (Nouveau centre puis UDI), ce qui n'était jamais arrivé depuis que l'UDF est morte en 2007. Dix ans de galère pour le MoDem qui était arrivé en bout de course et qui aurait certainement disparu si Macron n'était pas devenu président car on ne voit pas comment il aurait pu gagner ne serait-ce qu'un seul siège de député

dans cette situation, ostracisé par le PS et par LR du fait des critiques systématiques et continues de François Bayrou à l'égard de tous leurs dirigeants, Alain Juppé excepté. On peut donc parler ici, également, de bouleversement du paysage centriste tellement cette éventualité d'un Mouvement démocrate à près de 50 députés était impensable au début de 2017.

Opération survie de l'UDI
Si l'élection de Macron a donné un coup de boost au MoDem, il condamne l'UDI à être dans une opération continue de survie qui durera sans doute ce que durera cette confédération centriste qui a déjà perdu un membre, l'Alliance centriste, et qui a vu nombre de ses responsables et de ses militants rejoindre le candidat d'En marche puis le nouveau président de la république, en particulier son fondateur, Jean-Louis Borloo. Pour l'instant (novembre 2017), l'UDI survit, notamment grâce à son alliance avec les LR «constructifs». Mais sa faiblesse déjà réelle avant la présidentielle où, au-delà de son socle électoral très limité (et compensé par des cadeaux électoraux de la Droite), elle était minée par des haines internes qui ne se sont que tues pour l'instant, devrait l'éliminer du paysage politique à plus ou moins brève échéance. D'autant que les deux principaux animateurs de l'UDI, Jean-Christophe Lagarde et Hervé Morin, chacun de leur côté, militent pour la création d'une nouvelle force politique de centre-droit et de droite modérée.

Réunification du Parti radical
Un des tours de force les plus inattendus de l'élection d'Emmanuel Macron pourrait être la refondation de l'unité des radicaux, opération toujours dans les tuyaux mais jamais réalisée depuis 1973 lorsque le Parti radical de gauche, nouvellement fondé, avait rejoint le PS et le PC dans le Programme commun de la gauche établi en 1972.

Bien sûr, rien n'est encore fait mais les dirigeants du Parti radical valoisien avec Laurent Hénart à sa tête et ceux du Parti radical de gauche emmenée par Sylvia Pinel veulent cette réunification avant la fin de 2017 et prévoit un congrès extraordinaire pour cela (le 9 décembre 2017). Même si cette réunion des radicaux ne devrait pas changer de beaucoup le paysage politique – il y a longtemps que le Parti radical n'est plus le premier de France –, on peut néanmoins parler pour cette sensibilité politique républicaine, laïque et sociale, de véritable bouleversement rendu possible par la présence de Macron à l'Elysée.

Disparition des centristes de LR
Depuis que le projet même de l'UMP, réunir les droitistes majoritaires et les centristes minoritaires avait échoué, on savait qu'à terme ce parti, devenu entretemps LR, avait vocation à n'être plus qu'une formation de droite traditionnelle. L'élection de Macron a accéléré ce mouvement avec le retrait de nombre de modérés de LR qui

se disaient encore centristes ainsi qu'également la création de «Les constructifs» qui regroupent des membres anciennement LR de sensibilité plutôt de centre-droit et de droite modérée. Là aussi, l'élection de Macron a remodelé le paysage politique où les modérés de droite ne veulent plus être sous le même toit que les droitistes durs voire radicaux.

Dernier point, la présidence Macron pourrait avoir un effet plus que salutaire sur l'espace centriste en démasquant les faux centristes qui pullulent depuis des années, et ce, en popularisant les thèmes et les valeurs du Centrisme et en convainquant de la pertinence de la pensée centriste. Des faux centristes qui apparaitraient enfin pour ce qu'ils ont réellement été, des opportunistes.

Chapitre 3
L'internationale centriste

Le Centrisme n'est pas seulement un courant politique typiquement français. Bien au contraire. Beaucoup de pays ont ainsi des partis ou des hommes politiques centristes. Dans le monde entier, des partis centristes ou au centre de l'échiquier politique existent. Ainsi, la première «alternance» de la démocratie japonaise mise en place après la Deuxième guerre mondiale a permis au parti centriste de prendre la place du parti conservateur avant que ce dernier ne revienne au pouvoir depuis. En Inde, le Parti du Congrès, actuellement dans l'opposition mais qui domine la vie politique depuis l'indépendance du pays en 1947, initialement à gauche, est aujourd'hui considéré comme un parti de centre-gauche, voire du Centre.

La tradition centriste est ou a été forte dans de nombreux pays comme l'Italie (avec une démocratie-chrétienne qui domina la politique pendant les premières décennies après la Deuxième guerre mondiale) et s'est développé au cours de l'histoire dans d'autres comme les Etats-Unis où les deux grands partis (Républicain et Démocrate) possèdent des courants centristes même si depuis l'indépendance du pays un courant modéré a toujours existé.

Il est a noté que, dans le mouvement de démocratisation qui touche la planète, de nombreux partis centristes ont vu le jour ces dernières années, notamment sur le continent africain, que ce soit en Afrique noire ou au Maghreb. Reste que, dans les pays arabes, par exemple, le courant dit «centriste» est souvent celui qui se place à équidistance des partis laïcs et des partis religieux. Néanmoins, on y trouve, tout de même, des partis centristes laïcs proches de la pensée centriste traditionnelle, en particulier en Tunisie.

Le Centre aux Etats-Unis

Il existe aux Etats-Unis plusieurs partis centristes qui ne représentent que peu de militants et peu d'électeurs. En revanche, il existe une sensibilité centriste depuis l'indépendance, à la fois, au niveau des politiques que de la population. Ainsi, dès les premiers présidents américains, on note une tendance à gouverner au centre, comme c'est le cas avec George Washington (1732-1799), le héros de la Guerre d'indépendance et premier président des Etats-Unis. Néanmoins, le courant centriste trouve son premier héros en

Abraham Lincoln (1809-1865), premier président à représenter un tout nouveau Parti républicain et qui parvint à sortir le pays de la Guerre de Sécession, cette terrible guerre civile qui fit plus de 600.000 morts. Mais s'il est vénéré aux Etats-Unis, c'est autant pour sa décision d'abolir l'esclavage que pour avoir été le défenseur, contre vents et marées, du système démocratique. A l'époque, seuls les Etats-Unis étaient une démocratie et il voyait dans la menace sécessionniste, la possible disparition sur terre de tout régime démocratique.

Le deuxième héros du Centrisme américain est Théodore Roosevelt (1858-1919), membre du Parti républicain et qui, de conservateur modéré, évolua vers un positionnement centriste, défendant la liberté mais aussi la solidarité et le droit des citoyens au moment où les grandes entreprises tentaient de mettre la main sur l'économie américaine en formant des «trusts». Il tenta même, après deux mandats et un intermède de quatre ans, de revenir au pouvoir avec un programme, le «square deal», considéré par ses opposants comme un programme «socialiste», mais qui était en réalité un programme centriste et progressiste qui ressemble beaucoup à celui que Barack Obama proposa en 2008. Notons que Théodore Roosevelt fut le premier à proposer une assurance santé pour l'ensemble de la population mais que son projet échoua.

On trouve ensuite plusieurs présidents «modérés» qui gouverneront au centre de l'échiquier politique comme Dwight Eisenhower (Républicain, 1890-1969) dans les années 1950 ou John Kennedy (Démocrate, 1917-1963) dans les années 1960 ou même encore et plus surprenant, Richard Nixon (Républicain, 1913-1994) dans les années 1970 car ce dernier, conservateur, ne remit néanmoins absolument pas en cause, malgré sa vision très à droite de la société américaine, le consensus social issu de la Deuxième guerre mondiale et du New Deal de Franklin Roosevelt. Sans oublier Jimmy Carter (Démocrate, 1924), président de 1976 à 1980 qui se définissait comme un conservateur en matière fiscale et un libéral en matière de mœurs. Mais c'est Lyndon Johnson (Démocrate, 1908-1973) qui, dans les années soixante, avec sa «Great society» permit aux idées centristes d'être, à nouveau, à l'honneur. Dans le spectre centriste, il se situe à sa gauche.

Dans les années 1990, une partie des membres du Parti Démocrate se disent centristes (ainsi qu'un certain nombre de membres du Parti Républicain). Devant l'évolution du corps électoral, une partie du Parti Démocrate avait alors choisi de «gauchiser» son discours alors qu'une autre, ne voulant pas se couper de l'électorat modéré, choisit, après les échecs aux élections présidentielles de 1980 et, surtout, de 1984 et de 1988, une voie plus consensuelle. C'est le cas, par exemple, de Hillary Clinton (Démocrate, 1947), sénatrice de New York puis secrétaire d'Etat et candidate malheureuse à la présidentielle de 2016 où elle perdit devant le populiste démagogue Donald Trump alors même qu'elle avait emporté haut la main le vote populaire avec une marge de trois millions de vote (mais qu'elle perdit en ayant moins de délégués, la présidentielle américaine étant à deux étages). Elle est la femme de l'ancien président Bill Clinton (Démocrate, 1946) lui aussi étiqueté du Centre, inventeur de la «troisième voie» (dont s'est inspiré Tony Blair au Royaume Uni pour créer le New Labour) et accusé par l'aile gauche du Parti Démocrate d'être trop à droite. Il existe même une organisation «The Third Way» (La Troisième Voie) qui se veut une alternative entre la Droite républicaine et la Gauche démocrate en ayant un discours à la fois libéral et social.

Car, alors que le Parti démocrate faisait un pas vers le Centre, le Parti républicain, lui, se radicalisait à droite, voire à l'extrême-droite sous la pression de mouvements religieux fondamentalistes mais aussi de fanatiques qui haïssent le «Big government» de Washington et qui ne veulent pas payer d'impôts et sont même prêts à des actions violentes (un certain nombre d'entre eux font partie de milices armées prêtes à en découdre). Du coup, une grande partie des modérés républicains a disparu. La victoire de George W Bush (Républicain, 1946) et sa présidence ont radicalisé la politique aux Etats-Unis. Le «virage à droite» que le pays a semblé prendre entre 2000 et 2008 a obligé le Parti démocrate à se positionner beaucoup plus au centre de l'échiquier politique, voire au centre-droit. C'est là que l'on a vu l'émergence de démocrates conservateurs que l'on appelle les «Blue dogs». Ils ont souvent été élus dans des circonscriptions à majorité républicaine et ont souvent adopté des positions iconoclastes par rapport à la majorité du parti.

La victoire de Barack Obama (Démocrate, 1961) à la présidentielle de 2008, au-delà de l'événement historique de l'élection du premier Noir à la tête de la première puissance mondiale, a consacré aussi la victoire d'un homme qui s'est toujours défini comme centriste. De son entrée en fonction le 20 janvier 2009 à son départ en janvier 2017, il n'a cessé de mettre en œuvre des mesures centristes et une vision de la gouvernance centriste, au grand dam de la gauche du Parti démocrate et à la grande fureur des républicains dont l'obsession était de le faire perdre en novembre 2012 lors de sa deuxième présidentielle pour en faire un «one-term president», ce qu'ils n'ont pas réussi puisque celui-ci a été mieux élu pour son second mandat. En revanche, ils ont réussi à bloquer nombre de ses mesures et à le diaboliser pour nombre d'électeurs de droite dont beaucoup de racistes. La victoire de Donald Trump (Républicain, 1946) le 8 novembre 2016 est en partie due aux positions populistes dangereuses prises par l'establishment républicain pendant les huit années de la présidence Obama.

Après la défaite d'Hillary Clinton à la présidentielle et des démocrates au Congrès dans les deux chambres (Chambre des représentants et Sénat), l'avenir des centristes est en question même si le courant à l'intérieur du Parti démocrate n'est pas menacé de disparition alors qu'il a quasiment disparu du côté des républicains. Il est à craindre que la présidence de Donald Trump ne polarise un peu plus le pays permettant à la gauche du Parti démocrate de devenir majoritaire sous l'impulsion du sénateur du Vermont (et non-membre du parti), Bernie Sanders, adversaire malheureux de Clinton lors des primaires démocrates.

Le Centre en Europe

Grande Bretagne
Le parti qui ressemble le plus à un parti centriste par son programme et ses valeurs a été... le New Labour de Tony Blair (1953) jusqu'à la défaite de Gordon Brown (1951), son successeur comme premier ministre, en 2009 aux élections législatives et non le «troisième parti», les Libéraux, devenus les Libéraux-démocrates (ou «Lib-Dems»), dirigé alors par Nick Clegg (1967), qui reprochaient à Blair et à Brown d'être trop à

droite mais qui se sont quand même alliés aux conservateurs avec lesquels ils ont dirigés le pays de 2010 à 2015....

Le programme du New Labour n'était pas un socialisme libéral mais bien un libéralisme social puisque l'initiative privée est la base économique sur laquelle s'appuyait les gouvernements travaillistes de Tony Blair et de Gordon Brown. Selon celui-ci, les services publics doivent avoir l'efficacité du privé. Ce qui n'empêche pas des programmes ambitieux en matière sociale et d'éducation (même si le système éducatif semble assez mal en point actuellement). Le New Labour était dans le courant créé par Bill Clinton aux Etats-Unis, la troisième voie qui souhaitait que la gauche renouvelle son discours après les succès de Reagan et de Thatcher et de leurs idées. Une gauche centriste dépoussiérée de ses archaïsme et reconnaissant les valeurs libérales (au sens européen). Tony Blair a également imprégné d'une idéologie chrétienne sociale depuis toujours.

Le paradoxe des Libéraux démocrates est d'avoir combattu les Travaillistes sur leur gauche avant de s'allier, après les élections législatives, avec les Tories (conservateurs)! Cette alliance gouvernementale a d'ailleurs créé, dès le départ, un malaise parmi les militants du parti. Toujours est-il que Nick Clegg est devenu le vice-premier ministre et qu'il a soutenu les mesures d'austérité nécessaires pour que la Grande Bretagne ne s'effondre pas. Du coup, alors que les Libéraux démocrates bénéficiaient d'une grande popularité, c'est celle-ci s'est effondrée. Clegg a du passer la main et le nouveau président du parti, Tim Farron, est revenu à des fondamentaux centristes. A noter que les LibDems sont très pro-européens et se sont battus contre le Brexit (la sortie du Royaume Uni de l'Union européenne actée par un référendum en 2016).

Italie, Allemagne, Pays Bas
Les partis centristes sont souvent ceux qui se disent démocrates chrétiens. Cependant, leurs pratiques du pouvoir les a souvent «droitisés». Il faut rappeler que la constitution de partis démocrates chrétiens après la deuxième guerre mondiale en Europe répondait à une volonté de pratiquer un libéralisme teinté de christianisme social à l'image du MRP en France. Cependant, au fil des ans, tout comme en France, l'électorat des partis démocrates chrétiens s'est de plus en plus identifié avec celui de la droite. D'où l'émergence de partis sensés occuper l'espace politique libéré par cette «droitisation» (comme les libéraux de FPD en Allemagne).

Autres pays européens
Il y a des formations du Centre dans la plupart des pays européens qui ont vocation à gouverner. La seule vraie exception notable a été longtemps l'Espagne où il n'y avait qu'un petit parti

centriste qui ne gagnait qu'une poignée de sièges lors des législatives. Mais la création de Ciudadanos en 2005 par Alberto Rivera a changé la donne puisqu'aux dernières législatives de 2016, ce dernier a remporté 32 sièges (avec 13,1% des voix). Dans les pays nordiques, la plupart des formations politiques ont des programmes modérés même si elles se positionnent plutôt à droite ou à gauche. En Irlande, le pays est gouverné soit au centre-droit, soit au centre-gauche avec deux formations très proche l'une de l'autre. La Pologne, la Bulgarie et les anciens pays de l'Est ont également des partis centristes qui occupent ou ont occupé le pouvoir.

Le Centre dans le monde: mêmes mots pour des réalités différentes

Qu'est-ce que le Centre et le Centrisme? En ce début de XXI° siècle, ce sont un lieu et une pensée politiques qui sont facilement identifiables par un humanisme, une volonté d'équilibre et de consensus, un rejet de l'extrémisme sous toutes ses formes, un projet réformiste et une adhésion à la démocratie républicaine. Cependant, cette définition de base est agrémentée ici ou là, dans le monde, d'autres attributs, comme en France. Mais, plus problématique, ces termes sont également utilisés par certains et/ou dans certaines parties du monde pour qualifier des positionnements et des réalités bien différents à ce que l'on vient d'écrire. Voyons cela en détail.

Historiquement, le Centre politique nait au XVIII° siècle lors des révolutions américaine et française même si l'idée d'un juste milieu peut remonter à l'antiquité et si celle d'un gouvernement modéré a traversé les siècles. Structuré lors de la Révolution française, le Centre – appelé alors la Plaine par ses défenseurs (ses membres s'assoient en bas de l'hémicycle) et le Marais par ses détracteurs – est un endroit de modération entre les extrêmes des deux côtés de l'échiquier politique, les monarchistes absolus et les révolutionnaires qui veulent faire table rase du passé. Aux Etats-Unis, il est, dès le départ, plutôt une ligne de conduite qui traverse les partis politiques autour de l'idée que, pour gouverner, il faut recherche le consensus le plus large possible (voir notre ouvrage Le Centrisme américain, Editions du CREC, 2015).

Ces deux origines expliquent pourquoi, pendant longtemps, en Europe et aux Etats-Unis, le Centre désigne des mouvements et partis politiques qui se veulent modérés et consensuels, attachés au libéralisme et à la démocratie représentative. Au XIX° siècle, comme nous l'avons vu précédemment, le politologue français Maurice Block dans son Dictionnaire générale de la politique a donné une des premières définitions structurée du Centre. Celle-ci est encore marquée par un simple positionnement central mais où affleure déjà l'idée que le Centre n'est ni la Gauche, ni la Droite, seraient-elles modérées:

Mais, au fil du temps, se développe une pensée centriste qui devient de plus en plus autonome et de plus en plus élaborée, notamment entre les deux guerres mais surtout après la Deuxième guerre mondiale. Il ne s'agit plus que la Gauche et la Droite soient à équidistance du Centre, mais bien que le Centre soit la référence politique à partir de laquelle se définissent une Gauche et une Droite, ce que d'ailleurs le Centrisme est dès le départ mais sans pour autant le formaliser. Néanmoins, il n'y a pas d'unification d'un tel positionnement ce qui permet à tout mouvement politique qui se prétend au centre de l'affirmer uniquement par une modération sans autre projet et, plus grave, à tous les arrivistes de se trouver un espace où ils peuvent naviguer entre Droite et Gauche au fil des opportunités politiques et de leurs plans de carrière… Pire, un parti politique peut utiliser le mot centre dans son appellation sans en être du tout, ni même au centre. C'est le cas en ce début de XXI° siècle, par exemple, de l'UDC (Union du Centre), une formation populiste suisse proche de l'extrême-droite sur bien des thèmes.

Bien entendu, ce n'est pas une spécificité du Centre, cela vaut aussi pour les formations politiques de gauche et de droite dont certaines usurpent plus ou moins ces qualificatifs. On mentionnera aussi pour l'anecdote les propos de la dirigeante du parti d'extrême-droite français, le Front national, Marine Le Pen, à un magazine américain, prétendant que celui était en réalité une formation centriste! Ce que l'on peut dire tout de même, c'est que l'on trouve de vrais partis centristes sur tout le continent européen mais aussi sur le continent américain, que ce soit dans l'hémisphère Nord ou dans le Sud.

Mais le plus fâcheux pour le courant centriste, c'est l'utilisation qui peut être faite des mots centre et centrisme dans certains pays d'Asie, d'Afrique et dans le monde arabe. Le printemps arabe de 2010-2011 est, de ce point de vue, très instructif. Dans bien des pays où les manifestants réclamaient la démocratie, de nombreux partis centristes ont vu le jour dont des partis islamistes qui se sont prétendu au centre car se positionnant entre les islamistes extrémistes et les démocrates ou même parce qu'ils se trouvaient entre des islamistes radicaux et des islamistes modérés. Ce qui a induit en erreur bien des observateurs à l'époque, d'autant qu'il existait des vrais partis centristes laïcs dans ces pays qui ont crié légitimement à la mystification. Celle-ci s'est d'ailleurs révélé au grand jour quand ces partis islamistes autoproclamés «centristes» sont arrivés au pouvoir par les urnes, comme en Tunisie et en Egypte, et ont suivi une pente de plus en plus autoritaire, de moins en moins démocratique et, surtout, ont commencé à mettre en place des aspects de la loi religieuse de la Sharia.

En Afrique, on voit fleurir un peu partout des partis centristes qui peuvent être modérés et réellement positionnés sur un humanisme et un réformisme. Néanmoins, comme dans le monde arabe mais pour des raisons différentes, ils peuvent aussi recouvrir une réalité bien différente en étant coincé entre le pouvoir en place, démocratique ou non, et le principal parti d'opposition, parfois même en n'étant que des partis ethniques ou des formations dédiées à une personnalité, sans réel projet consensuel.

Cela peut aussi être le cas dans certains pays d'Asie. Il s'agit alors simplement d'un positionnement stratégique pour affirmer que l'on n'est ni d'un côté, ni de l'autre, sans pour autant être modéré et encore moins centriste. Cependant, tout comme pour l'Afrique, on peut y trouver des partis centristes comme ce fut le cas au Japon où la seule alternance d'avec le Parti libéral-démocrate (conservateur) depuis la fin de la Deuxième guerre mondiale fut l'œuvre, en 2009, du Parti démocrate du Japon (centriste). Surtout, le Parti du congrès en Inde, initialement positionné très à gauche, est devenu un parti de plus en plus centriste.

L'exemple extrême d'un positionnement de façade au centre nous vient de la Chine où il n'y a pas de parti centriste en tant que tel mais où le pouvoir totalitaire utilise le centrisme pour avancer masquer ou au moins tenter de le faire... Il ne faut pas oublier que la Chine se dit l'Empire du Milieu pour deux raisons. La première est qu'elle prétend être le centre du monde depuis deux millénaires. La seconde est que son empereur se voulait un médiateur au centre de la relation entre le ciel et la terre. Le pouvoir communiste a repris cette appellation afin de développer ces dernières années toute une idéologie de la modération avec son soft-power à la chinoise qui a tenté de prétendre que le pays n'était pas sur une ligne agressive mais bien de consensus, à la fois, à l'intérieur de ses frontières et à l'extérieur.

Pour cela, il s'est servi du penseur le plus important du pays et que les communistes au premier chef desquels Mao haïssaient, Confucius, qui a développé toute une vision du juste milieu. Ce n'est pas pour rien que les lieux de propagande chinois installés partout dans le monde s'appellent instituts Confucius. L'arrivée au pouvoir de Xi Jinping en novembre 2012, admirateur de Mao, avec la reprise en main à l'intérieur où les opposants «pro-démocratie» sont systématiquement brimés et souvent emprisonnés ainsi qu'une politique agressive à l'extérieur ont fait un juste sort à cette prétention centriste et modérée.

Enfin, il ne faut pas oublier dans ce panorama tous ceux qui prétendent que le Centre et le Centrisme n'existent pas mais qu'il y a une simple posture au centre de modérés de gauche et de droite qui ne sont en fait que des gens de gauche et de droite au bout du compte. Cette thèse a été popularisée par le professeur de sciences politiques, Maurice Duverger et elle continue à séduire certains politologues d'aujourd'hui. D'autres, derrière un autre professeur de sciences politiques et de droit public, Georges Burdeau, ont toujours réfuté cette manière simpliste de présenter le paysage politique français actuel.

Des politiques de gauche se sont ralliés à la thèse de Duverger et considèrent que les centristes ne sont, au mieux, que des gens de la droite modérée qui, d'ailleurs, s'allient toujours, in fine, avec la Droite lors des élections. Ils oublient ainsi que de 1945 à 1965, les centristes ont été le plus souvent les alliés des socialistes en France. C'est oublier, également, que c'est au Parti démocrate américain, classé au centre-gauche, que l'on trouve actuellement les authentiques centristes aux Etats-Unis. En réalité, la volonté des négationnistes du Centre est de faire de l'arène politique un combat entre deux visions de la société diamétralement opposées, ce qui permet les délires et les exagérations verbales ainsi que des positionnements idéologiques extrêmes afin de flatter des électorats clientélistes mais cela ne correspond à aucune réalité sociologique politique concrète.

Car, et c'est là le grand paradoxe de ceux qui nient l'existence du Centre et du Centrisme, c'est qu'ils recherchent, à chaque élection, à s'attirer les votes des électeurs centristes qui, soudainement existent, puis, une fois au pouvoir, à gouverner au centre, c'est-à-dire pour le bien de tous… Dès lors, on pourrait poser comme postulat que le régime démocratique tel qu'on le connait dans les pays occidentaux, issus des révolutions américaines et françaises, est essentiellement un régime centriste. En effet, son fonctionnement repose sur le consensus, que l'élection donne la légitimité d'occuper le pouvoir lorsqu'on la remporte mais qu'elle ne donne pas le droit de nier et de faire taire la minorité, donc qu'il faut gouverner pour tout le monde et respecter les droits de tous.

C'est même dans la garantie des droits de la minorité qu'un régime peut être qualifié de vraiment démocratique. Dès lors, toute décision liberticide pour cette dernière mais également qui nierait son existence est considérée comme anti-démocratique. Cela ne veut pas dire que certaines majorités n'ont jamais pris une telle décision mais que celle-ci est généralement vue comme inadmissible même pas une grande partie de l'électorat du parti au pouvoir. Pourtant, si affirmer que le système démocratique venu de Grande Bretagne, des Etats-Unis et de France avec des références à la Grèce (démocratie) et à la Rome (république) antiques, est centriste n'est pas une aberration c'est aussi faire une erreur fondamentale. Gouverner au centre n'est en effet pas faire du Centrisme. C'est là que le développement de l'humanisme proprement centriste a fait du Centre et du Centrisme un lieu et une pensée originales qui ne peuvent se réduire à prendre un petit peu à Gauche et un petit peu à Droite.

La notion essentielle est ici celle de «juste équilibre» qui peut se définir comme une exacte répartition harmonieuse conforme à la morale, à la raison et à la réalité. Le «juste équilibre» est ainsi une bonne et pertinente répartition harmonieuse. Une politique du juste équilibre est donc une politique intègre où se réalise le compromis mais où n'ont pas leur place la compromission et l'instabilité.

Ce n'est pas demain que l'on parviendra – si l'on y parvient un jour – à faire disparaître tout ce qui parasite l'originalité du Centre et du Centrisme. Dès lors, il faut accepter tout en étant vigilant que l'appellation «centriste» soit utilisée par de très nombreux partis dans le monde dont le leitmotiv demeure la modération (nous ne parlons pas de ceux qui se cachent derrière ce terme pour tromper les peuples). Car la modération, la «médiocrité» (que l'on préfère appeler de nos jours «médiété») aurait dit Aristote au sens propre de ce terme dévoyé, constitue bien un principe centriste. Cependant, elle n'est qu'une partie de la pensée humaniste centriste. Pour autant, ceux qui sont au centre sont parfois assez proches de ceux qui sont du Centre. Il n'y a rien d'étonnant à cela.

Les centristes sont des gens qui prônent une démocratie apaisée et consensuelle, propre à construire le juste équilibre. Les gens au centre sont ceux qui veulent réunir la Droite et la Gauche sur des idées modérées et consensuelles. Ces deux communautés partagent donc des points communs, des objectifs identiques et des visions de la démocratie républicaine assez proches.

Pour conclure, il faut affirmer sans hésitation que Centre, Centrisme et centriste sont trois termes qui ont aujourd'hui des significations politiques précises. Et tous ceux qui les utilisent pour masquer ce qu'ils sont, car c'est bien de cela qu'il s'agit in fine, veulent utiliser en la dévoyant l'image responsable, séduisante, sérieuse et surtout rassurante du Centre et du Centrisme.

Chapitre 4
Le Centre et le Centrisme du XXI° siècle

Il est possible de dresser un tableau synthétique et récapitulatif de ce que le Centrisme est au XXI° siècle et ce qu'il doit représenter dans les actes. Bien sûr, cette présentation théorique de la pensée centriste est et sera toujours différente de la pratique. Mais cette dernière, pour mériter le qualificatif de «centriste» voire de Centrisme tout court doit être la plus proche de ce qui suit.

Le Centrisme est au XXI° siècle:
- un humanisme intégral (l'être humain, cause et but de toute société humaine);
- un libéralisme social (la liberté solidaire);
- un réformisme (l'ajustement continuel de la société);
- un pragmatisme (gouverner à partir du réel);

- un progressisme (améliorer les conditions de vie de tous);
- un individualisme (l'individu libre)
- un personnalisme (la personne porteuse de droits et de devoirs dans un lien social équilibré).

Les principales références du Centrisme sont la liberté (*valeur*) dans l'égalité dans la différence individuelle (*règle*) par le respect (*vertu*) formant un lien social émancipateur et équitable de l'individu basé notamment sur la solidarité et la tolérance (valeurs qui découlent de la liberté dans l'égalité).

Concrètement:
- la liberté est la capacité et la faculté pour chaque individu à vivre son individualité responsable;
- le respect est la conduite que chaque individu doit aux autres et celle qu'il reçoit des autres en retour;
- la solidarité et la tolérance sont des comportements que chaque individu doit avoir envers les autres et les agissements qu'il reçoit des autres en retour mais également le devoir de la société envers ses membres;
- L'égalité dans la différence est un état qui permet à chacun de pouvoir vivre son individualité dans la communauté grâce à la liberté, le respect, la solidarité et la tolérance.

L'objectif du Centrisme est la mise en place d'une démocratie républicaine respectueuse et équilibrée, la seule qui peut, à la fois, prendre en compte tous les acquis démocratiques tout en les consolidant dans une société du XXI° siècle où il faut, à la fois, renforcer les relations collaboratives entre les personnes par un lien social dépoussiéré, refondé et affermi par lequel s'exprime une responsabilité collective rénovée tout en étendant la liberté de chacun grâce à l'approfondissement d'une autonomie individuelle responsable.

Le Centrisme, c'est:
- la liberté dans la Ressemblance;
- l'égalité dans la Différence.

Le Centrisme, c'est:
- le dynamisme économique par la liberté;
- la méritocratie par l'égalité;
- l'ouverture sociale par la fraternité;
- la radicalité morale par le respect.

Le principe d'action politique du Centrisme est le juste équilibre qui peut se définir comme une bonne et pertinente répartition harmonieuse. Celui-ci ne s'intéresse pas à un hypothétique lieu géométrique axial mais vise à équilibrer la société afin d'y établir un consensus maximal au profit de tous les membres de la communauté. Il vise à donner le plus de satisfaction possible à tous les citoyens tout en sachant que personne ne peut être contenté complètement.

La règle comportementale du Centrisme est la responsabilité, à la fois, dans son expression du droit à être responsable de sa vie ainsi que de ses choix et dans celle du devoir d'assumer ses actes.

Le Centrisme est la pensée de la démocratie républicaine libérale représentative et délibérative tout en recherchant les moyens de la rendre plus participative. La démocratie, c'est l'organisation de la cohabitation des intérêts individuels par la loi et le système des pouvoirs qui s'équilibrent (exécutif, législatif, judiciaire auquel il faudrait ajouter informatif) alors que la république c'est l'organisation de l'intérêt général sur la même base. La démocratie républicaine, c'est l'organisation du bien vivre ensemble.

Le Centrisme défend:
- un exercice du pouvoir le plus proche du citoyen;
- la participation de celui-ci aux échelons locaux.

Le Centrisme soutient:
- la construction d'une mondialisation humaniste;
- toute initiative d'organisation fédérale des continents.

En France, le Centrisme se prononce pour une république décentralisée partie prenante d'une fédération européenne.
Trois courants de pensées principaux sont à la source du Centrisme français: le libéralisme, le christianisme (avec la démocratie-chrétienne) et le radicalisme.
Schématiquement, la liberté du Centrisme vient du libéralisme, sa solidarité du christianisme et son adhésion à la république du radicalisme.

Le centrisme français découle:
- du libéralisme parce qu'il se bat pour les droits naturels d'un individu autonome et responsable poursuivant son intérêt;
- du christianisme (démocratie-chrétienne) parce qu'il se bat par l'amour (agapè) pour le respect d'une personne partageant la condition humaine universelle et la solidarité dans sa communauté;
- du radicalisme parce qu'il se bat par la raison pour la dignité d'un citoyen averti et conscient, défenseur d'une laïcité intégrale et intégrante.

On peut donc dire, de ce qui précède, que le Centrisme est tout autant un idéal pragmatique qu'un pragmatisme transcendé.

Appendice

Citations sur le Centre et le Centrisme

Ces citations regroupent des propos en faveur du Centre et du Centrisme ainsi que d'autres qui prennent le parti opposé. Toutes permettent d'élargir la réflexion sur ce que sont le Centre et le Centrisme.

ABRIAL Stéphanie
Politologue français

«Les divisions internes, les recompositions partisanes, les multiples changements d'appellation ainsi que les alliances ponctuelles avec d'autres partis politiques brouillent les pistes et revoient dès lors à quelques interrogations principales. De quelle(s) formation(s) politique(s) parle-t-on dès lors que l'on fait mention du centre? Quels sont les grands axes idéologiques qui distinguent la droite non gaulliste des autres forces partisanes (…)?»

ARISTOTE
Philosophe grec

«L'égal est intermédiaire entre l'excès et le défaut. (...) J'appelle mesure ce qui ne comporte ni exagération ni défaut. (...) Tout homme averti fuit l'excès et le défaut, recherche la bonne moyenne et lui donne la préférence, moyenne établie non relativement à l'objet mais par rapport à nous. De même toute connaissance remplit bien son office, à condition d'avoir les yeux sur une juste moyenne et de s'y référer pour ses actes. C'est ce qui fait qu'on dit généralement de tout ouvrage convenablement exécuté qu'on ne peut rien lui enlever, ni rien lui ajouter, toute addition et toute suppression ne pouvant que lui enlever de sa perfection et cet équilibre parfait la conservant... L'excès est une faute et le manque provoque le blâme; en revanche, la juste moyenne obtient des éloges et le succès, double résultat propre à la vertu. La vertu est donc une sorte de moyenne, puisque le but qu'elle se propose est un équilibre entre deux extrêmes... L'excès et le défaut dénoncent le vice, tandis que la juste moyenne caractérise la vertu... La tempérance et le courage n'admettent ni excès [l'excès du courage est la témérité] ni défaut [le défaut de courage est la peur], parce que la juste moyenne ici constitue en quelque sorte un point culminant, de même les vices que nous avons cités n'admettent ni moyenne ni excès ni défaut, parce qu'en s'y livrant on commet toujours une faute. En un mot ni l'excès ni le défaut ne comportent de moyenne, non plus que la juste moyenne n'admet ni excès ni défaut.»

BAYROU **François**
Homme politique français, ministre

«La vocation historique du Centre est de refuser la bipolarisation, ses caricatures et finalement son impuissance. Aujourd'hui où la bipolarisation va se trouver en échec, lé responsabilité décisive d'un Centre reconstruit, digne et fort, sera de rendre possible le nouvel équilibre politique du pays.»

«Tout le monde sait, tout le monde comprend que nous étions soumis en effet à des sollicitations, des influences, des pressions assez fortes pour donner à réfléchir. Et tout le monde sait, tout le monde comprend que ce que nous engagions pour notre avenir et pour l'avenir de la France était très important. Et je vais vous dire simplement, exactement, à l'image de la matinée que nous avons vécue aujourd'hui, à quel point c'était rassurant, réconfortant, enthousiasmant, de voir une équipe de responsables majeurs ayant tous occupé, occupant et ayant vocation à occuper des responsabilités très importantes en France et en Europe. Je vais vous dire à quel point c'était rassurant de les voir réfléchir, travailler, élaborer une décision ensemble, avec une seule préoccupation : l'intérêt général. Dans la vie politique, il y a très longtemps, et pour un certain nombre d'entre nous des décennies, que nous rêvions de voir naître une force politique majeure, centrale, ouverte, réformatrice d'idées, européenne, qui s'affirme comme telle aux yeux des français, qui n'encoure pas l'accusation ni le soupçon d'être intéressée, secondaire, subsidiaire, de vouloir jouer la roue de secours, de quelque chose d'autre, d'autre force, d'autre mouvement.»

«Le centre a changé de visage. Hier, il était la recherche éperdue d'un compromis et une simple variante de la droite. Aujourd'hui il a renoué avec sa vocation, capable de dire non à toutes les pressions d'où qu'elles viennent, et porteur d'un projet qui ne ressembla à aucun autre, par ses idées et par la pratique.»

Block Maurice
Politologue français

«En politique on désigne par le nom de centre la partie moyenne des assemblées législatives, c'est-à-dire ceux des membres de ces assemblées qui se tiennent à égale distance des représentants du passé, d'une part, et des promoteurs du progrès (réel ou supposé), de l'autre. (…) On parle d'un centre droit et d'un centre gauche, selon que ceux qui en font partie inclinent davantage aux idées anciennes ou aux idées nouvelles.»

BRIAND Aristide
Homme politique français, président du Conseil

«La politique est l'art de concilier le désirable avec le possible.»

«C'est un travers de notre démocratie de courir aveuglément aux réformes. On demande une réforme... et elle n'est pas plus tôt votée qu'on s'en détourne, qu'on court à une autre.»

BURDEAU Georges
Professeur de droit et sciences politiques français

«Dans le mouvement qui porte le pendule tantôt à droite et tantôt à gauche, il ne faut pas oublier que l'énergie la plus constante est celle qui le ramène au milieu (...). Ce qui me paraît le plus discutable (...) c'est (...) de situer à droite l'expression politique de cette mentalité (hostile aux extrêmes), puisque, au contraire, ce qui la caractérise, c'est d'avoir toujours été contrainte de combattre sur deux fronts : tantôt la réaction autoritaire d'extrême droite et tantôt le progressisme jugé téméraire de la gauche. » Que l'on « n'ose pas appeler centre ce que les plus évidentes figures de la géométrie politique font tel, cela montre bien l'abusive valorisation des extrêmes qui donne aux représentations intellectuelles de l'univers politique français une structure manichéenne que dément la réalité quotidienne.»

CAMUS **Albert**
Ecrivain

«On ne décide pas de la vérité d'une pensée selon qu'elle est à droite ou à gauche, et encore moins selon ce que la droite ou la gauche décide d'en faire.»

CARTER **Jimmy**
Homme politique américain, président des Etats-Unis

«Sur les droits de l'homme, les droits civils et la qualité de l'environnement, je me considère moi-même comme très 'liberal' (de gauche). Sur la manière de gouverner, l'ouverture du gouvernement, sur le renforcement des libertés individuelles et des échelons locaux de gouvernance, je me considère comme un conservateur. Et je ne vois pas en quoi ces deux attitudes sont incompatibles.»

Clinton Bill
Homme politique américain, président des Etats-Unis

«Nous devons bâtir le centre vital. La leçon de notre histoire est claire. Lorsque nous mettons de côté notre esprit partisan, adoptons mes meilleures idées sans se soucier d'où elles viennent et travaillons pour le principe de compromis, nous pouvons faire avancer l'Amérique ni à gauche, ni à droite, mais devant.»

«Ce dont ce pays a besoin est un changement radical basé sur les valeurs de bon sens, une sorte de centre radical.»

«Le changement que nous devons faire n'est ni de 'liberal' (de gauche), ni conservateur. Il mêle les deux et il est différent.»

Clinton Hillary
Femme politique américaine, secrétaire d'Etat

«La politique américaine peut être parfois quelque peu déséquilibrée. Nous penchons vers la droite ou vers la gauche mais nous retournons toujours vers le centre car nous sommes des pragmatiques. Nous ne sommes pas des idéologues. La plupart des gens veulent des solutions sensées.»

CONFUCIUS (Kongfuzi)
Philosophe chinois

«Appliquez-vous à garder en toute chose le juste milieu.»

«La voie du juste milieu n'est pas suivie. Les hommes intelligents vont au-delà, les ignorants restent en deçà. Les sages veulent trop faire et les hommes de peu, pas assez. C'est ainsi que tout homme boit et mange et peuvent savent juger des saveurs.»

«L'invariabilité dans le milieu est ce qui constitue la vertu.»

CRAPEZ Marc
Politologue français

«En dépit des dénominations parlementaires de l'époque, la Troisième République est assise sur un centrisme qui ne tend à porter parfois à gauche qu'eu égard à l'anticléricalisme. L'opportunisme gouverne socialement contre le socialisme et politiquement contre la Droite. Si le centre de gravité politique du régime est l'opportunisme, son point d'équilibre idéologique réside entre la Gauche modérée (centre-gauche) et le Centre-Gauche des orléanistes « avancés » (centre-droit). C'est cette alliance qui fonde la stabilité de la Troisième République. (…) Le tempérament « orléaniste libéral » recouvre le personnel du Centre-Gauche et du Centre-Droit.»

DELORS Jacques
Homme politique français, ministre
«La société de consommation a privilégié l'avoir au détriment de l'être.»

DENIAU Jean-François
Homme politique français, ministre

«La définition que nous donne du centre la géométrie est un point équidistant de tous les points d'une circonférence. En politique, cette définition n'est valable que dans la mesure où le centre est surtout perçu comme un refus des extrêmes, c'est-à-dire des extrémistes. En France, la voie moyenne, le juste milieu aurait plutôt bonne presse et les extrémistes ne l'ont pas. Comment se fait-il alors que le centre ne soit pas régulièrement et systématiquement majoritaire? (...) Il se trouve, en politique, qu'il correspond trop souvent à une image vague pour ne pas dire hésitante. Parce que les deux seuls courants vraiment dominants dans la tradition française sont la gauche et la droite. Et être centriste est compris d'abord comme un refus de ce qui va trop à gauche ou de ce qui va trop à droite. Cela donne un flou, un degré d'appréciation personnelle au cas par cas assez contraire à l'idée d'une force propre et in-dépendante.»

DUVERGER Maurice
Professeur de droit et sciences politiques français

«Toute politique implique un choix entre deux types de solutions: les solutions dites intermé-diaires se rattachent à l'une ou à l'autre. Cela revient à dire que le centre n'existe pas en poli-tique: il peut y avoir un parti du centre, mais non pas une tendance du centre, une doctrine du centre. On appelle «centre» le lieu géométrique où se rassemblent les modérés des tendances opposées: modérés de droite et modérés de gauche. Tout centre est divisé contre lui-même, qui demeure séparé en deux moitiés: centre gauche et centre droit. Car le centre n'est pas autre chose que le groupement artificiel de la par-tie droite de la gauche et de la partie gauche de la droite (…). Le rêve du centre est de réaliser la synthèse d'aspirations contradictoires: mais la synthèse n'est qu'un pouvoir de l'esprit. (…) L'histoire des centres illustrerait ce raisonnement abstrait: qu'on suive par exemple l'évolution du Parti radical sous la Troisième République, celle du Parti Socialiste ou du Mouvement des républi-cains populaires sous la Quatrième. Il n'y a de centres véritables que par superposition des dua-lismes: le MRP est politiquement à droite, socialement à gauche; les radicaux, économiquement à droite, mystiquement à gauche, etc.»

«En théorie, un centre authentique supposerait que les modérés de droite et les modérés de gauche, séparés de leurs tendances originaires, se réunissent pour former un seul parti; mais, en pratique, peu importe l'origine d'un parti central; sa position même et les attirances contradictoires qu'elle entraîne pour ses membres fait naître en lui cette divergence fondamentale : tout centre est écartelé naturellement.»

«On ne peut réellement gouverner au centre que dans un système bipolaire où le centre attire la droite et la gauche comme le nord magnétique attire l'aiguille aimantée de la boussole. (...) Le paradoxe du Centre, c'est qu'il gouverne seulement quand il n'existe pas. La bipolarisation, qui semble l'écarteler, lui confère au contraire le pouvoir réel. Elle tend à une alternance des centres, chaque bloc étant dominé par sa fraction modérée.»

Eisenhower Dwight
Homme politique américain, président des Etats-Unis

«Le chemin du futur de l'Amérique se trouve au milieu de la route entre le pouvoir sans entrave des fortunes concentrées et le pouvoir déchaîné de l'étatisme ou des intérêts partisans.»

FERRY Jules
Homme politique français, président du Conseil

«Réaliser la fusion des classes, but de toute démocratie...»

«L'égalité, c'est la loi même du progrès humain! C'est plus qu'une théorie: c'est un fait social, c'est l'essence même et la légitimité de la société à laquelle nous appartenons.»

«Notre idéal éducatif est tout tracé. L'éducation du peuple aujourd'hui a une dimension personnelle. Son objectif est de donner à chacun sa chance non pas en servant à chacun la même soupe amère au nom d'une égalité mal comprise mais en permettant à chacun d'accéder à l'éducation adaptée à sa demande.»

FONTANET Joseph
Homme politique français, ministre

«La politique doit être réhabilitée. La politique honnête, c'est-à-dire l'effort humain pour améliorer progressivement l'ensemble des systèmes sociaux économiques. L'organisation, la technique, l'efficacité ne sont que la part lourde de l'histoire des collectivités humaines. Mais la politique est le relais indispensable entre le rêve des prophètes et des héros et les réalités durables de la vie des peuples.»

GIDDENS Anthony
Politologue britannique

«Ce centre n'est pas défini par les partis, mais par les électeurs qui, en majorité, se disent proches de lui. C'est ce centre qu'il faut séduire et déplacer vers la gauche. Gouverner au centre ne veut pas dire se livrer à des calculs électoraux et politiciens, mais définir un «compromis» dépassant les vieux clivages et débouchant sur un contrat entre l'Etat et le citoyen.»

GISCARD D'ESTAING Valéry
Homme politique français, président de la République

Le «juste milieu» (...): « n'est pas une ligne neutre. C'est une ligne de paix et d'entente, à suivre avec beaucoup de soin dans ces temps de tempête. (…) C'est la ligne juste, celle où peuvent un jour se rencontrer, se réunir et de rassembler les Français.»

«Je gouverne et gouvernerai la France au centre.»

« Pour certains, le centrisme n'a aucun contenu intellectuel. C'est un marais, un point de convergence des opportunistes, un point central permettant le jeu de bascule. Nous pensons au contraire que le centrisme exprime une certaine manière d'aborder les problèmes, caractérisée par le refus des extrêmes et le choix délibéré de l'action.»

LECANUET Jean
Homme politique français, ministre

«Nous avons une doctrine : c'est l'idée de démocratie. Elle ne se résume pas dans la loi des plus grands nombres. Elle se fonde sur un humanisme qui prend ses sources dans l'inspiration de l'humanisme chrétien et celle des droits de l'homme, ces deux livres qui s'illuminent et se complètent mutuellement et dont on ne peut arracher aucune page...»

«L'Etat n'est pas le dominateur mais le serviteur des libertés.»

«Nous devons, lorsque l'évolution le permettra, favoriser le reclassement politique en vue de ce qui a été longtemps notre raison d'être : le rassemblement des forces de progrès et de liberté. Il s'agit de faire une majorité pour exercer le pouvoir. Ni compromission, ni ostracisme, claire affirmation de notre vrai but et ouverture au dialogue : telle pourrait être la définition de notre démarche politique.»

Macron Emmanuel
Homme politique français, président de la République

«'En même temps' signifie simplement que l'on prend en compte des impératifs qui paraissaient opposés mais dont la conciliation est indispensable au bon fonctionnement d'une société. Oui, je choisis la liberté et l'égalité, oui, je choisis la croissance et la solidarité, oui, je choisis l'entreprise et les salariés, oui, je choisis, comme le général de Gaulle, le meilleur de la Gauche et le meilleur de la Droite, et même le meilleur du Centre. Oui, je choisis l'amour de notre Histoire et l'ambition du changement, oui, je choisis la France forte et l'Europe ambitieuse. Oui je choisis en même temps les racines et les ailes parce que la grandeur de la politique, c'est l'art de respecter les différences, de concilier les aspirations, de fédérer les valeurs et de réunir les hommes.»

«Je refuse de choisir entre l'ambition et l'esprit de justice. Je refuse ce dogme que pour bâtir l'égalité il faudrait renoncer à l'excellence, pas plus que pour réussir, il ne faut renoncer à donner une place à chacun. Le sel même de notre République est de savoir conjuguer ces exigences. De faire tout cela, en quelque sorte, 'en même temps'.»

«Je crois à cet esprit des Lumières qui fait que notre objectif à la fin est bien l'autonomie de l'homme libre, conscient et critique.»

«On ne peut laisser le champ libre aux extrêmes dont les promesses intenables, incohérentes, consistent à nous tirer vers un ordre ancien idéal qui n'a jamais vraiment existé. Ils proposent de soustraire la France au cours du monde, sans considérer tout ce que nous aurions à y perdre, mais surtout en oubliant de dire que ce n'est pas la vocation de notre pays.»

MITTERRAND François
Homme politique français, président de la République

«Le Centre, variété molle de la Droite.»

«Le Centre n'est ni de gauche, ni de gauche.»

MORIN Hervé
Homme politique français, ministre

«La défense et la promotion des libertés forment un tout qui conditionne le projet centriste et en détermine le contenu.»

«Que veulent les centristes sinon réussir à bâtir une société à la fois libre et juste? Comment ne serions-nous pas très à l'aise dans ce monde nouveau dont la liberté est le principe, nous dont la philosophie repose sur la défense et la promotion des libertés, individuelles et collectives? Les centristes veulent aider la France à s'inscrire dans ce temps, à retrouver le rythme de l'histoire, à renouer avec la jeunesse du monde.»

NIXON Richard
Homme politique américain, président des Etats-Unis

«Les extrémistes de gauche ont tendance à être tout aussi critiques du pragmatisme que les extrémistes de droite.»

«Il faut se présenter à droite pour les primaires et puis se présenter au centre pour l'élection générale.»

OBAMA Barack
Homme politique américain, président des Etats-Unis

«Je ne crois pas que vous allez me voir me rapprocher du Centre pour des raisons tactiques car je n'ai jamais eu l'impression de quitter ce qui constitue la pensée dominante dans le peuple américain.»

«Nous devons être guidés par ce qui marche.»

«Ce que j'ai toujours cherché en matière de politique économique c'est un pragmatisme en toutes circonstances.»

«Ce qui est gênant c'est le fossé entre l'importance de nos défis et la petitesse de nos politiques – la facilité avec laquelle nous sommes distraits par la petitesse et la trivialité, notre refus chronique des décisions difficiles, notre incapacité apparente de construire un consensus qui marche pour s'attaquer à n'importe quel gros problème.»

REMOND René
Professeur de droit et sciences politiques français

«Il est indubitable qu'il existe une sensibilité centriste, peut-être aussi un électorat centriste qui ne se résigne que douloureusement à se ranger dans un camp et qui rêve de reprendre sa liberté. Les enquêtes d'opinion en révèlent la présence. Dès 1955 l'enquête sur la gauche menée par Les Temps Modernes faisait apparaître un groupe fort important d'électeurs « ambigus » : pas moins de 42 %. (...) L'étude sur Les familles politiques aujourd'hui en France (1966) a apporté un début de réponse en mettant en lumière l'existence d'un centre véritable ayant sa personnalité propre et tout à fait distinct de l'apolitisme d'indifférence à quoi se reconnaît ce qu'on appelle, avec une connotation négative, le marais.»

Roosevelt Theodore
Homme politique américain, président des Etats-Unis

«Nous, républicains, nous devons tenir la juste balance et nous tenir résolument contre l'influence néfaste de l'industrie d'un côté comme de la démagogie et de la loi de la foule de l'autre.»

Sangnier Marc
Philosophe français

«C'est l'organisation politique et sociale qui tend à développer au maximum la conscience et la responsabilité de chacun, en lui permettant dans le mesure de ses capacités et de ses forces, de prendre une part effective à la direction des affaires communes.»

SCHUMAN **Robert**
Homme politique français, président du Conseil

«Sauver la république, c'est défendre la liberté, toutes les libertés. C'est mettre un terme à l'exploitation politique de la détresse. C'est donc, par la réalisation d'une véritable démocratie sociale, faire le départ entre des mouvements revendicatifs légitimes exercés dans le cadre de la loi et des entreprises factieuses synchronisées à travers l'Europe. Mais c'est aussi, et dans le même temps, combattre la misère et les injustices sociales aussi vigoureusement, aussi rapidement que le permettent les ressources actuelles de la nation.»

TEITGEN **Henri**
Homme politique français, ministre

«Le MRP ce n'est ni le socialisme malade de l'Etat, ni le libéralisme malade de l'argent.»

TOCQUEVILLE **Alexis (de)**
Ecrivain et homme politique français

«L'égalité qui introduit de grands biens dans le monde, suggère cependant aux hommes (…) des instincts fort dangereux; elle tend à les isoler les uns des autres, pour porter chacun d'eux à ne s'occuper que de lui seul. Elle ouvre démesuré-

ment leur âme à l'amour des jouissances maté-
rielles.»

«Pour moi, quand je sens la main du pouvoir qui
s'appesantit sur mon front, il m'importe peu de
savoir qui m'opprime et je ne suis pas mieux dis-
posé à passer ma tête dans le joug, parce qu'un
million de bras me le présentent.»

WALDECK-ROUSSEAU Pierre
Homme politique français, président du Conseil

«On ne transforme pas une société, elle se modi-
fie lentement, graduellement. On ne traite pas les
hommes comme on ferait d'une monnaie démo-
dée qu'on met au creuset pour la frapper en
masse à une effigie nouvelle.»

WILSON Woodrow
*Homme politique américain, président des Etats-
Unis*

«D'un côté, il y a des extrémistes qui crient conti-
nuellement au gouvernement, 'bas les pattes»,
'laissez faire' (...) qui critiquent tout acte du gouvernement qui n'est pas un acte de police, qui
regardent le gouvernement comme nécessaire,
mais un mal nécessaire... De l'autre côté, il y a
ceux, qui avec la même vision extrémiste du bord
opposé, qui voudrait que la société ne repose

que sous la direction et l'assistance du gouvernement dans toutes les affaires de l'existence, qui, par quelque rêverie d'un effort de coopération astucieusement imaginée par les grands prêtres du socialisme, croient que l'Etat peut devenir une mère nourricière de chaque membre de la famille politique. Entre ces deux extrêmes (…) il y a un milieu (…) qui donne une large liberté à l'individu pour son propre développement mais, malgré tout, protège cette liberté contre la compétition qui tue, et réduit l'antagonisme entre l'auto-développement et le développement social à un minimum.»

«Les gens qui souhaitent réformer sans perdre la stabilité devraient (…) réaffirmer les principes et revenir aux pratiques (du Parti démocrate) qui s'est toujours positionné pour une modération mûrement réfléchie dans les affaires publiques et une utilisation prudente des pouvoirs du gouvernement fédéral dans l'intérêt de tout le peuple quelles que soient les classes sociales et les professions considérées.»

Table des matières

9 781979 556002